AF401579

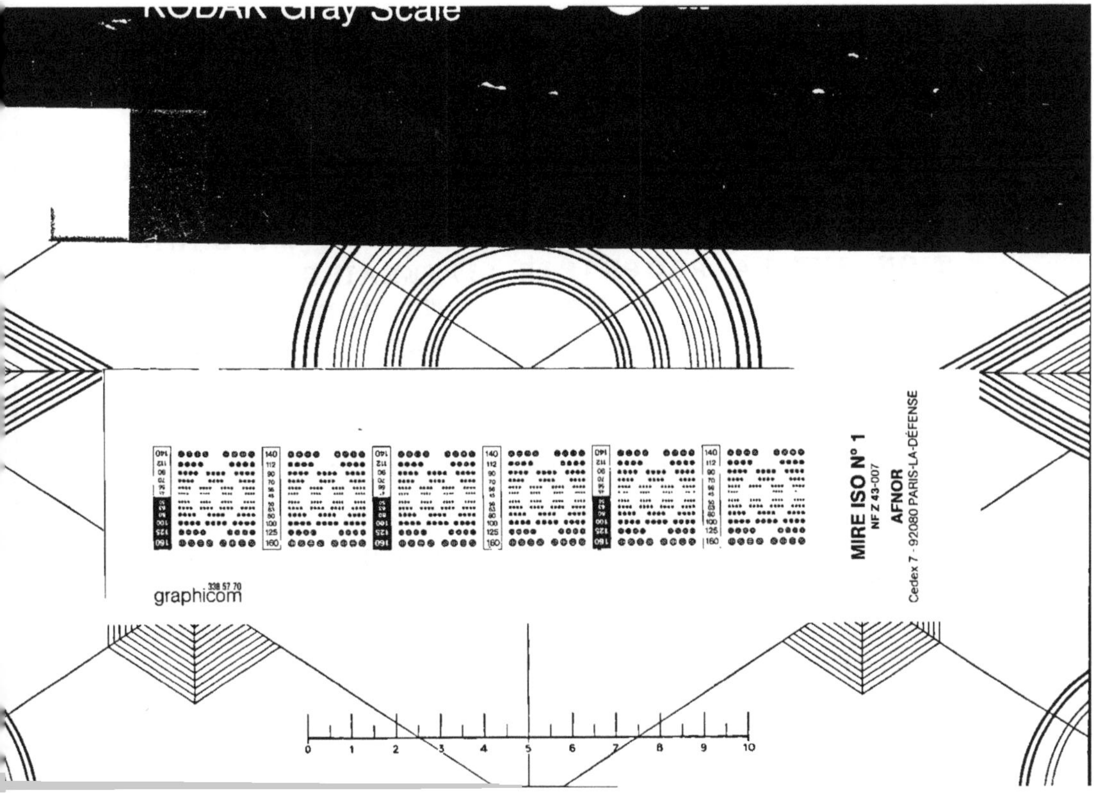

KODAK Gray Scale

MIRE ISO N° 1
NF Z 43-007
AFNOR
Cedex 7 - 92080 PARIS-LA-DÉFENSE

graphicom
330 57 70

MENT A ÉTÉ MICROFILMÉ

NOUVELLES
MAXIMES
SUR S. Benedicti,
L'EDUCATION
DES S. Mauri
ENFANS.

A AMSTERDAM,
Chez L'HONORÉ & CHATELAIN.
MDCCXVIII.

TABLE DES CHAPITRES.

NOUVELLES MAXIMES

SUR

L'EDUCATION

DE LA

JEUNESSE.

IL y a peu de sujets sur quoi l'on ait autant écrit que sur celui de l'Education, mais ce sujet me paroit si important, & je trouve que l'Education a de si grandes suites, qu'elle a tant d'influence sur tout le reste de la vie & par là sur la Félicité du Genre humain, que le grand nombre d'Ouvrages, qui ont déja parû sur cette matière, n'a pas été capable

A   de

de me rebutter & de m'engager
à supprimer le mien. Les conseils
que j'y donne paroitront nouveaux, mais ils n'en font pas moins
naturels ; je ne me fuis point a
bandonné à des Idées abftraites
d'une perfection chimerique, pour
tracer, à l'imitation de *Platon*, le
projet d'une République en l'air
Ici tout eft tiré d'après nature
auffi ai-je tout lieu de me pro
mettre que, fi les Maximes que
je propofe ne font pas autant efti
mées que celles des grands hom
mes, qui m'ont précédé dans cet
te carriere, elles ne laifferont pa
d'être plus fuivies, par là même
qu'elles font plus pratiquables.

Dans les Regles que je me pro
pofe de donner pour l'Education
de la Jeuneffe, je ne remontera
point jufqu'au choix qu'on doi
faire des Nourrices, & je ne dé
ciderai point, fi les Meres doi
vent elles-mêmes fe charger d
cette fonction, ou fi elles fon
mieu

mieux de s'en repofer fur d'autres; je ne me fens pas affez de
fubtilité pour difcuter un cas de
Confcience fi délicat; comme je
ne me trouve pas non plus affez
grave, ni affez Philofophe pour
remonter plus haut encore, en
indiquant les qualités & en or-
onnant les dofes des alimens,
dont il feroit à propos de fe nour-
rir, auffi bien que les Idées dont
il feroit bon de s'occuper, pour
mieux pofer les fondemens de cet
Edifice, que l'Education doit em-
bellir & porter à fa perfection.

CHAPITRE I.

Des Mœurs.

JE me contente de prendre un
Enfant au fortir de la Mammel-
le, & dans le tems que commençant à parler, il fait connoître que
fa Raifon commence auffi à fe
développer. La plûpart des gens

 s'imas'imaginent que tout ce qu'on fait alors avec les Enfans eſt ſans conſéquence, c'eſt une fatale erreur ; Nos habitudes décident preſque toûjours de notre bonheur ou de notre malheur, il eſt extremement difficile de les corriger, & par conſequent, il eſt très-rare de voir des gens qui s'en corrigent ; ainſi tout ce qui contribuë à les faire naître eſt d'une extrême importance, & mérite toute notre attention.

Peu de gens néanmoins y penſent ſerieuſement ; depuis l'âge de deux ans juſqu'à celui de ſix, un Enfant ſert de jouët à ſa Mere, & quelquefois encore à ſon Pere. Après cela on l'envoye à l'École, on lui donne quelque Maître ; & pourquoi ? C'eſt la coutume, on l'a vû faire, on le fait auſſi. Un Enfant élevé dans cette négligence, devient ſemblable à ſon Pere & ſe confond avec lui dans la foule.

Pour

Pour réuſſir il faut toujours, & ſur ce ſujet important plus que ſur tout autre, ſe propoſer un but, & ne le perdre jamais de vûë. Je ſuppoſe donc un Pere ſage, qui veut que ſon Fils brille un jour dans la Societé, qu'il ait plus de part au gouvernement qu'aucun autre, & qu'il ſe faſſe reſpecter & ſervir par ſes Concitoyens. S'il éleve ſon enfant dans l'indolence, il ne parviendra jamais à ce but, il faut qu'il le forme de bonne heure, à l'activité, & à une activité qui ne ſe laſſe & ne ſe rebutte jamais. Or ſi l'on étudie les hommes en vûë de leur donner des regles conformes à leur nature, & par là plus aiſées à pratiquer, on trouvera que les deux principes de leur *Activité*, ſur tout quand elle eſt infatigable, ce ſont *l'Envie*, & la *Malice* : J'entends un fonds d'Envie, & de Malice renfermé dans de certaines bornes ; &

les

les noms d'*Emulation* & de *Vivacité*, par lesquels on adoucit les difpofitions dont je parle, font bien comprendre qu'on ne doit pas les porter à l'excès.

Qu'on ne m'objecte point que je me contredis, que mes Regles ne font point aifées à pratiquer, & que je prefcris, dès l'entrée une tache trop forte à ceux qui prennent foin de l'Education de la Jeuneffe : Qu'on ne prenne point de vaines allarmes ; Prémiérement la nature fecondera à merveilles toutes les précautions qu'on prendra pour bien établir dans l'ame des enfans ces difpofitions à porter *envie* aux autres, & à leur faire des *Malices*. En fecond lieu ces précautions font aifées en elles-mêmes. En voici quelques-unes. 1. Ce qu'un Enfant a, on n'en doit parler, & on ne doit le regarder qu'avec indifference ; mais on parlera toûjours des autres avec éloge, & on admirera tout

tout ce qui eſt entre leurs mains.
Par là un Enfant apprendra infailliblement à n'être jamais content
de ce qu'il poſſede ; & il ſe formera
à chercher les moyens de faire
parvenir dans ſes mains ce qu'il
verra dans celles des autres. 2. Si
on lui deſtine quelque preſent,
on doit, avant que de le lui remettre, témoigner tantôt une
peine extrême de s'en déſaiſir,
tantôt quelque deſſein de le donner à un autre. 3. On ne doit pas
ſeulement exciter leur envie ſur
tout ce qui eſt à leurs égaux & à
leurs ſuperieurs, mais encore ſur
tout ce que poſſedent leurs inferieurs, chez qui ils ne doivent
voir, qu'avec une peine extrême, ce qu'ils n'ont pas eux - mêmes : & quand ils l'auroient, il
faut leur faire concevoir, que
ce n'eſt rien, ou peu de choſe, dès que des perſonnes mépri-
priſables en ont autant. Ils devien-
dront par là inſatiables, & ce qui

en eſt une ſuite, ruſés, laborieux & , pourvû qu'ils réüſſiſſent, rien ne leur coûtera. Il faut donc qu'ils s'accoûtument à exercer leur avidité ſur leurs Inferieurs; ils ſont plus aiſez à dépouiller, & à force de s'enrichir des dépouilles de ceux qui n'oſent ſe plaindre, on vient peu à peu à égaler ſes Superieurs, & à paſſer ſes Egaux, ſur qui on commence à ſe permettre tout ce qu'on veut, dès qu'on les voit au deſſous de ſoi. Mais, comme je viens de l'inſinuër, ſi l'on veut acquerir, dans un degré parfait, une habitude ſi heureuſe, & qui mene ſi loin, il y faut penſer de bonne heure; c'eſt ſurquoi les Peres qui aiment leurs enfans ſont priez de refléchir.

Toute perſonne, un Enfant, tout comme un Adulte, qui ſera formé à compter ainſi pour rien tout ce qu'il a déja, & pour beaucoup ce qu'il n'a pas encore, ſe trouvera infailliblement diſpoſé à faire

faire un cas infini de l'argent, par le moyen duquel on se procure tout ce que l'on souhaite. C'est encore là une de ces dispositions capitales à laquelle on ne sauroit donner trop d'attention.

Il y a une infinité de gens qui sentent tous les jours le besoin qu'ils ont d'être riches, & à qui une expérience continuelle, tant de ce qu'ils éprouvent chez eux, que de ce qu'ils voyent chez les autres, ne permet pas de douter, que l'argent ne soit de toutes les choses du monde la plus utile, & par conséquent la plus précieuse; & néanmoins on voit ces mêmes personnes si ennemis d'eux-mêmes, qu'ils laissent fondre l'argent dans leurs mains, quand ils en ont, & négligent mille occasions d'en acquerir, quand ils n'en ont pas; Paresseux, dissipez, & dissipateurs, insensez, en un mot, qui ont abjuré la Loi Naturèle. Ceux qui résolument

De la Passion pour les Richesses.

A 5

veu-

veulent devenir riches, & qui poffedez, de bonne foi, par ce defir, font toûjours prêts à tout facrifier pour le fatisfaire, réüf-fiffent ordinairement. Mais voici le malheur; On partage fon cœur entre cette inclination & une in-finité d'autres, c'eft la fource de ces contradictions qui répandent un fi grand ridicule fur la condui-te de la plûpart des hommes, tous veulent devenir riches, & pref-que tous demeurent pauvres; d'où vient cela? On ne travaille pas affez habilement, & d'affez bonne heure, à rendre cette inclination dominante, & il eft rare que le naturel feul triomphe des mau-vais effets d'une Education impar-faite.

Comme c'eft ici le grand point, & le grand reffort qui fait réüffir dans le monde, c'eft auffi ce dont un habile Précepteur fera toû-jours le principal de fes foins. Et s'il eft de bonne foi, comment se pourra-t-il permettre sur ce chapitre quelque relâchement ? Qu'il descende un peu en soi-même, & que, dans l'expérience de son pénible emploi, il se dise chaque jour,

— Quid non mortalia pectora cogis,
Auri sacra fames ?

S'il ne sentoit pas tout ce que l'argent vaut, & tout ce qu'un extrême besoin de ce metal a de violent, pourroit-il se résoudre à la dure servitude d'élever le plus inquiet des animaux, le plus fé-roce, & le plus inégal, l'Enfant d'un Grand Seigneur ; Je compatis à ce que cette condition a de triste, & je m'applique à en adoucir les fonctions, en les rendant plus aisées & plus naturèles.

Qué les Précepteurs zélez craignent donc pour leurs Elèves le sort de *Denys* le Tyran, qui, de Souverain de *Syracuse*, se vit reduit, par le desordre de ses affai-res,

res, à devenir Maître d'Ecole, & pour les garantir de tout ce qui approche d'un fort si miserable, ne fût-ce même que de loin, qu'ils les mettent soigneusement, & de bonne heure, dans la route sûre des Richesses, & par là de la Félicité.

Cet avis est d'autant plus nécessaire qu'il y a dans le monde une infinité de Renards, dont tout le langage flateur n'aboutit qu'à faire tomber le Fromage du bec du Corbeau. C'est ce qu'il faut faire remarquer aux Jeunes Gens avec soin, car c'est en ce sens qu'il est honteux d'être la dupe des loüanges. Il y a une infinité d'Escrocs, qui n'ont en vûë que d'épuiser ceux dont ils paroissent adorer la Génerosité, & la Grandeur d'Ame ; ils voudroient qu'il fût en leur puissance de faire de tous les riches autant de Philosophes, qui, infatuez d'idées, & de noms pompeux, per-

disdiffent peu à peu le bon goût de l'argent, & vinffent à s'en defaire avec cette nonchalance avec laquelle on fe defait des bagatelles.

Je le repete donc ; il faut infifter fans relâche fur la plus capitale de toutes les inftructions, & de peur que l'ennui des redites ne foit un obftacle à fon efficace il faut la varier fous mille tours, & être prompt à fe faifir de tout ce qui s'offre de propre à la faire valoir. Parle-t-on, par exemple, d'un mariage ? On fait que deux partis fe préfentent, l'un n'a pas beaucoup de bien, mais en recompenfe il a ce que de certaines gens d'efprit, qui fe croyent fort au deffus de leur efpece, appellent un grand Mérite. L'autre au contraire eft riche ; mais, dans le ftile de ces prétendus hommes d'efprit, c'eft un veritable fot ; Si quelques perfonnes s'avifoient de décider hardiment pour

le

le premier, en préfence d'un Jeune Elève, fon Précepteur plus
fage que *Mentor*, hauffant les é-
paules, & levant les yeux au Ciel,
ne pourroit affez s'étonner de voir
des gens qui femblent prendre à
tâche de renoncer au fens commun: il demanderoit fi on fe marie pour un jour, ou pour toute
fa vie; il donneroit à ce couple,
que le Mérite va unir, dix enfans,
& à chacun de ces enfans dix autres: après quoi fa Charité le feroit trembler à la penfée que ces
gens d'efprit vont travailler à fe
voir renaître dans une troupe de
gueux.

Mais fur ce pié-là il faudra toûjours accumuler pour les autres
fans ofer jamais jouïr? Je ne con-
feillerois pas à une perfonne du
Commun de fe méfurer avec un
homme d'humeur à pouffer cette
objection, fur tout fi la difpute
fe paffoit en prefence de témoins,
il y auroit trop du deffous. Au
lieu

lieu donc de répondre à cette objection, en forme, il est plus sûr
de l'éluder; il y a des difficultez
qu'il faut brusquer, & qu'il faut
éloigner par des manières impé-
rieuses. Si un Elève se hazardoit
à débiter une telle impertinence,
son Précepteur devroit le relever
avec toute cette loüable impatience, avec laquelle un Théolo-
gien zélé relance un Hérétique.
On dira toûjours des sottises,
quand on parlera sans savoir ce
qu'on dit; Qu'apellez-vous jouïr?
Est-ce dissiper? On jouït sans doute
de ce qu'on a perdu? Depuis quand
êtes-vous assez fou pour renverser
les idées des choses? Jouïr veri-
tablement de son bien, c'est le con-
server, c'est l'augmenter, c'est don-
ner à son imagination le pompeux
spectacle de se voir renaitre de gé-
neration en géneration, toûjours
plus riche, par le soin d'accumu-
ler, & le mépris de ce que le vul-
gaire appelle Jouïr. C'est là braver
la

la Mort, & se mettre en quelque sorte au dessus de ses atteintes, que de s'assurer un nom qui d'âge en âge, & jusques à la fin du Monde, sera toûjours un objet d'envie aux autres hommes, parce qu'il sera toûjours dans l'opulence.

Quelques personnes pourront s'étonner que je m'étende sur un Article, sur lequel les instructions leur paroitront peu necessaires; car il y a dans le monde de bonnes gens, qui ayant la charité de juger de tous les autres par eux-mêmes, attribuent indifferemment à tout le monde des inclinations privilegiées, qui font chez eux, ou l'effet d'un naturel extraordinairement heureux, ou la suite d'une excellente Education; A quoi pense cet Auteur, diront ces gens-là, d'exhorter avec tant de zèle les hommes à aimer le bien ? En connoit-il qui ayent besoin d'être sollicitez à un penchant si naturel ? Mais, dûsse je m'at-

m'attirer de plus en plus leur mépris, je m'acquitterai fidélement
du devoir dont je me suis chargé,
en écrivant sur l'Education ; Je
fais tous les jours une triste experience de la force des habitudes,
& pour avoir été élevé dans des
Maximes tout opposées à celles
que je recommande, j'avouë ma
foibleſſe ; *Video meliora proboque,
deteriora sequor.* Je vois bien ce
que je devrois faire, mais je ne
puis m'y resoudre. En vain des
Exemples domeſtiques m'ont appris que la Vertu mene à peu de
choſe ; en vain je vois au contraire, que l'Hypocriſie, & l'A-
varice sont le chemin le plus sûr
de la Fortune, je ne saurois
m'empêcher de louër la Can-
deur, le Desintéreſſement, la Géneroſité. Ces Vertus s'emparent
de mon admiration ; je me sens
une pente presque invincible à les
imiter & à tout moment je me
trouve saisi d'horreur pour ces Illuſ-

B

tres

tres que je propose à mes Lecteurs pour Modèles. Auſſi n'ai-je pas trouvé à propos de mettre mon Nom à la Tête de mon Ouvrage, dans la juſte crainte que mon Exemple n'affoiblît les principaux de mes Preceptes.

Je continue donc, & je recommande à un Précepteur de ſe ſoutenir conſtamment dans l'admiration des Riches, & dans le mépris de ceux qui ne le ſont pas ; c'eſt par là qu'il démontrera ſa Sageſſe. Il ne doit jamais lui arriver, comme à la plûpart des gens du monde, qui louënt, & blâment indifferemment, & paſſent, avec la legereté du Vent même, du Mépris à la Flatterie.

Un Cercle n'eſt pas plûtot formé qu'on donne ſur le prochain ; paſſe pour cela, car dequoi veut-on que s'entretiennent des gens qui ne ſavent rien ? Mais ſi celui ſur qui le hazard a fait tomber la médiſance, entre au moment même

ne qu'on le daube, & qu'il ne
oit pas une perſonne reſpectée
ar la fortune, on le recevra avec
ne huée, ou des grimaces & des
oups d'œil qui ne diront guere
noins qu'une huée. Dans une
elle circonſtance le Précepteur
ura ſoin de jouër le rolle le plus
rif, & l'agitation de ſes yeux,
'enflure de ſes jouës, & ſes éclats
ême de rire, apprendront à ſon
iſciple qu'il a le courage de mé-
riſer en face ce qui eſt au deſ-
ous du vrai mérite; c'eſt à dire,
n homme qui ne fait pas figure
aute de bien.

Mais ſi dans ce même Cercle, on
'étoit aviſé de déchirer un riche,
& que ſon ignorance, ſa tenacité,
a mauvaiſe foi, ſes ordures, euſ-
ent fourni tour à tour matiere à
ſes Eloges; alors un ſage Précepteur auroit pris une contenance
ſevere, & tout l'air d'un homme
qui ſouffre; il auroit paru inquiet, interdit, & tout décon-

B 2   certé,

certé, pour ne fe remettre qu'à
l'arrivée de ce riche, dont on
vient, felon fes principes, de fe
jouër indignement. Mais il n'eft
pas plûtôt entré que la faute fe
repare; fa préfence fait évanouïr
l'Injuftice, & ramene la Raifon;
Jamais coup de fifflet ne fit changer fi promptement de face au
Theatre, & jamais Metamorphofe
de Fée ne fe fit avec plus de rapidité; La Joye fe peint fur tous
les vifages, on ne voit plus qu'ac-
cueils, & qu'empreffemens re-
doublez; le plus heureux c'eft celui qui eft placé le plus près de
l'Homme riche, voilà des circonftances décifives, qui, à la
verité, ne font pas rares dans la
vie, mais dont un fage Maître
doit profiter avec autant d'attention que fi elles s'offroient rarement, s'il a à cœur de former le
goût de fon Elève, en lui faifant
fentir, par des Exemples d'éclat,
où il faut chercher la fource

fûre

fûre de l'eftime , & des applau-
diffemens.

Si dans le train du Monde il
arrive à un Homme de fe tirer
d'une mauvaife affaire par fon argent , ou de l'emporter fur fes
concurrens, & fur ceux à qui le
Vulgaire donne le nom de gens
de mérite, par ces raifons d'un
poids veritablement folide , par
ces raifons qui fe pefent en même tems, qu'elles fe comptent,
fi tant eft qu'on foit affez heureux
pour paffer fa vie dans des Païs
où cela arrive quelquefois, & où
ceux qui font en Place règlent
ainfi leur difcernement; ce fera
encore une matière d'inftruction,
qu'un habile Précepteur ne laiffera pas échapper fans en tirer
parti. Que *cet Homme-là*, dira-t-
il, *a de grandes obligations à fon
Père & que fa memoire lui doit
être précieufe! Où en feroit-il
maintenant , fi ce grand Homme
avoit eu la foiblesse d'une infinité*

d'au-

d'autres , & que , préferant le clinquant au solide , pour se faire une certaine réputation de Génerosité , il n'eût laissé à sa famille qu'un bien fort médiocre ?

La plûpart des jeunes Gens sont naturellement si legers , si dissipez , si sensibles au présent , & si peu tournez à la reflexion , que l'on est comptable de toutes les occasions qu'on néglige de rectifier , par le moyen des Reflexions , leurs Idées , & leurs Dispositions. Tant de gens travaillent à les gâter , & travaillent efficacement , qu'il ne faut pas moins d'un Précepteur tout entier , pour s'opposer aux impressions des mauvais Exemples , & des mauvais Discours qui entrainent la Jeunesse comme un Torrent. S'opposer à ce Torrent des mauvais Discours , & des mauvais Exemples , me paroît encore une partie des plus essentielles du devoir des Précepteurs , mais c'est une

une partie de leur devoir qui n'eſt
pas fatigante , & qui certainement
ne les déconcertera jamais , faute
de ſuccès , pour peu qu'ils ſachent
la remplir. Qu'ils ne ſe decoura-
gent donc point ;   car ſi , d'un
côté , ils ont à combattre l'im-
preſſion ſéduiſante des loüanges ,
& des éloges qu'on entend faire à
tout moment du desintereſſement ,
& de la Géneroſité ; d'un autre
auſſi une infinité de Gens leur
préteront leur ſecours , pour diſſiper ces illuſions , & pour faire
évanouir , ſans effet , tous ces
éloges pompeux ; ils n'ont qu'à
profiter de ces ſecours , qui s'offrent de toutes parts , & à les ſe-
conder tant ſoit peu ; je réponds
de la reüſſite. Toutes les douceurs dont on joüit dans la famille ; tous les avantages par où l'on
s'y diſtingue , il ne faut jamais
manquer de faire comprendre à la
Jeuneſſe que c'eſt à l'argent qu'on
en eſt redevable. Les oppoſitions

                ſerviferviront ici merveilleufement à leur faire fentir cette verité dans toute fa force. *Un tel feroit bien embarraffé s'il entreprenoit de faire la moitié de ce que nous faifons ; Ce que nous avons en tout tems de domeftiques, par fimple bienféance, feroit bien néceffaire à un tel, à tout moment obligé de fe fervir lui-même ; & de faire en même tems le perfonnage de Valet, & de Maître. Voilà ce que c'eft que de regorger de biens.* En remontant ainfi de l'effet à la caufe, on les rendra Philofophes à peu de fraix.

Chaque jour prefente quelque circonftance, qui fait voir la difference infinie qu'on met entre un parfaitement Honnête Homme, qui n'a pas du bien, & un Sot, ou même un Fripon qui eft riche, à l'avantage de ce dernier. Un Précepteur attaché à fa vocation, ne manquera jamais, dans ces occafions, de fe rendre

un

un fidele Echo de la Voix Publique.

On regarde dans le Monde un Homme de bien, un Homme qui craint Dieu dans le fond de son cœur, & qui fait profeſſion de le craindre, comme un Animal d'une eſpèce ſinguliere, & on eſt preſque auſſi ſurpris, lorsqu'il fait, en ſe renfermant dans les bornes de l'innocence, ce que font les Gens du Monde, lors, par exemple, qu'il mange, qu'il boit, qu'il ſe marie, qu'on a accoûtumé de l'être, quand on entend parler des Geais, & des Corbeaux. Lors qu'un Homme de ce caractere ſe trouve à un grand repas, quoiqu'il n'y mange pas plus que les autres, & qu'il y boive beaucoup moins, tous les yeux ſont tournez ſur lui, & on eſt ſurpris qu'il faſſe là une autre figure, que celle d'un Spectateur oiſif, & étonné. Mais c'eſt alors qu'un Précepteur habile dira à

 ſon

son Elève: *Le bon Homme! Il en prend pour deux fois, car il n'est pas accoûtumé à cette délicatesse de mets.* Rien n'est plus propre à affermir un jeune Homme dans la résolution inébranlable de preferer l'Argent à tout, que de lui faire comprendre que les Caracteres les plus respectables ne sauroient sauver du ridicule un Homme qui n'a pas du bien, lors même qu'il ne fait rien qui mérite de passer pour ridicule. *In pauperem omnia licent,* on se permet tout contre ceux qui ne sont pas riches.

Les leçons qu'on donne, sans paroître avoir dessein d'en donner, font toûjours les plus efficaces. Des Maximes qu'on laisse échapper comme par hazard, font un effet d'autant plus sûr que, paroissant prononcées sans dessein, on les regarde comme les expressions les plus sinceres de ce qu'on pense au fond du cœur.

II

Il faut donc qu'un Précepteur ait soin, sur tout, d'inftruire, fous des apparences de fimple converfation: Pour la rendre agréable il faut la varier; on blâmera fouvent, & on loüera quelquefois; car l'efprit humain fe plait plus à entendre dire du mal que du bien. Mais voici l'habileté; l'on ne blâmera jamais que des gens d'une Fortune au deffous de celle de fon Elève, & on refervera les loüanges pour ceux qui font riches, & Grands Seigneurs. Les premiers préfenteront toûjours quelque endroit à critiquer, dans leurs actions les plus indifferentes, & même les plus loüables; mais les autres feront toûjours des objets d'Eloge, ou du moins d'Apologie.

Il n'eft pas neceffaire d'avertir qu'on gâteroit tout, fi on laiffoit entrevoir la fineffe. En blâmant le pauvre, on ne parlera jamais de fa pauvreté, & en loüant le riche,

on

on ne fera jamais mention de ses richesses. Les Idées du Mépris, & de la Pauvreté, d'un côté, & les Idées des Richesses, & de l'Honneur, de l'autre, se lieront d'autant mieux, qu'elles s'uniront plus imperceptiblement.

Comme la Doctrine que je propose pourroit paroître suspecte aux petits genies, qui la croiront nouvelle, parce que je la propose sous une nouvelle forme, & reduite en Art & en Préceptes ; il faut la défendre, s'il se peut, contre toutes les objections qu'on pourroit lui opposer ; Et d'abord on me demandera que je m'explique plus distinctement ; Recommandez-vous l'Avarice, me dira-t-on, ce Vice si bas, & qui rend si méprisables ceux qui s'y laissent aller ? Il est sûr que les dispositions que vous recommandez y menent tout droit, & que dès là il n'y a qu'un pas à la plus sordide Avarice. J'avoue que la
dif-

distance qu'il y a de l'un à l'autre n'est pas extrême, mais il me suffit qu'il y en ait. Ceux qui font gloire d'être dans des principes contraires à ceux que je propose, ne sont-ils pas obligez d'avouer, que de la Générosité à la Prodigalité le pas est glissant, & que la distance de l'une à l'autre, n'est pas une distance infinie. Ainsi va le Monde, *sunt bona mixta malis,* le Mal est toûjours dans le voisinage du Bien. Mais puisque cela est, ajoûtera-t-on, puisque nous marchons environnez de dangers, & de précipices, le parti le plus sûr n'est-il pas celui qu'il faut préferer? Et, qui en doute? C'est-là la grande Règle ? C'est la première Loi de la Prudence. Or, continuë-t-on, peut-on mettre en parallele quelques excès de beneficence, avec l'Avarice, dont le nom seul fait horreur ? Voilà justement mes gens qui se laissent bouleverser par des mots. Exa-mi-

minons les Choses mêmes bien ferieufement, & n'ayons pas honte de nous élever au deffus de tout préjugé. Figurons-nous qu'un Habitant de la Lune vient d'arriver, tout à propos, pour être Arbitre de notre Different, avec fon Ame toute rafe, toute neuve, & toute degagée de préoccupation. Je conviens avec mon adverfaire qu'il faut toûjours prendre le parti le plus fûr, mais je foûtiens que celui de la Génerofité l'eft beaucoup moins que celui de l'Epargne, allât-elle même jufques à la Ténacité.

Notre Etranger demanderoit fans doute un peu de tems avant que de décider, afin de pouvoir connoître notre Monde & remarquer les routes qu'on y fuit avec le plus de fuccès. Peu de tems fuffiroit pour le convaincre, que l'un ne remporte pour tout fruit de fa pretenduë belle Ame, que des noms pompeux qui s'éva-
nouif-

ñouïſſent dans l'Air, pendant que l'autre ſe dédommage de certains Titres peu brillans, par des avantages réels. L'on dit de l'un, *C'eſt le meilleur Homme du Monde, il n'a rien à lui; Ma foi, avoüons-le, il meriteroit une meilleure Fortune;* Mais cette Fortune ne vient point. De l'autre on dit, *C'eſt un Diable, qui prendroit hardiment ſur l'Autel, dès qu'il ſeroit ſûr de l'impunité: oh le vilain homme!* mais ce vilain fait ce qu'il veut, & s'il échoue ce n'eſt que très-rarement. J'ai à faire à des gens qui ſe croyent l'opiniâtreté permiſe, dans la prévention où ils ſont qu'ils ſoûtiennent une très-bonne cauſe. On revient aiſément, diſent-ils, des excès de la Liberalité; après avoir été Prodigue on ſe modere; mais on ne voit pas qu'on revienne de l'Avarice. Je n'en crois rien, & la Raiſon me défend de le croire, car là où ſes lumières régnent, il

eſt

eſt incomparablement plus facile de ſe corriger , que là où elles ſont très-affoiblies.

Or qui eſt-ce qui ne conviendra qu'il eſt beaucoup plus raiſonnable de travailler pour ſoi que pour les autres ? L'Avare eſt uniquement attentif à ſes interêts , mais le Liberal les oublie pour s'embaraſſer de ceux d'autrui : La Raiſon éclaire donc tout autrement l'Avare que le Liberal.

Autrefois je n'aurois pas eu du bon dans cette Diſpute : Mais depuis que des Genies raffinez ont creuſé la nature de la Vertu ; & ont heureuſement trouvé qu'elle eſt fondée ſur l'Utilité , & qu'elle n'eſt autre choſe que l'Art de nous procurer ce qui peut nous faire le plus de plaiſir ; depuis que ces habiles gens ont eu la charité de nous communiquer leurs vûës , & leurs principes ; que dis-je la charité ? des manières de parler vulgaires , dans leſquelles on retombe

dès

De l'U-
tile, fon-
dement
du Juſte.

dès qu'on ne s'obferve pas affez,
m'ont fourni cette expreffion peu
exacte ; je m'en dedis, car il n'eft
pas jufte, puis qu'il n'eft pas de
mon interêt, de tourner en ridicule ces habiles gens, & de les
mettre en contradiction avec eux-
mêmes. La Charité, que je leur
attribuois, eft un défaut dont ils
fe font gueris. Ils ne connoiffent
d'autre motif, que celui de leur
interêt. Mais voici ce que je vou-
lois dire.

La même fublimité de genie,
qui leur a fait découvrir qu'on ne
devoit être touché d'aucun autre
motif, que de celui de fon interêt, leur a fait comprendre
qu'ils avoient à redouter les préventions qui aveuglent les autres
Hommes, par qui ils alloient être
regardez comme des gens fans
humanité & par conféquent comme des Monftres dans la Societé
humaine. Voilà ce qui les a obligez
à répandre leurs Idées, & à tirer

les

les autres d'un aveuglement dont eux-mêmes auroient pu devenir la Victime. Ils y ont encore été engagez par une autre raison, & par un interêt des plus preſſans; Plus on penſe differemment des autres, plus l'Amour propre s'applaudit de cette diſtinction, pourvu qu'on ſoit bien aſſuré de penſer vrai; mais il eſt difficile de conſerver cette aſſurance, quand on s'écarte de certains ſentimens ſi univerſels, qu'ils ſemblent dictez par la Nature même. Ces Héros en Sageſſe ſe ſont donc vûs réduits à la néceſſité de ſe faire des Sectateurs, pour ſe tranquilliſer dans la nouveauté de leurs Syſtèmes, par le nombre des ſuffrages; car c'eſt un principe d'experience; On ſe rend avec plaiſir à l'Autorité de ceux qu'on a perſuadez ſoi-même. A la vérité il y en a qui diſent que c'eſt-là une des plus agréables illuſions, & qui l'apellent même plaiſante,

par-

parce qu'elle ne leur paroît pas moins ridicule qu'agréable. Mais laiſſons-là ces Chicaneurs.

Et c'eſt parce que les Hommes regardent leur *Utilité* comme le fondement du *Devoir*, & de la *Vertu*, ou de ce qu'ils ont trouvé à propos d'honorer de ces beaux Noms, que ces Noms varient toûjours dans leurs bouches, ſuivant la diverſité de leurs interêts. Ceux qui ſont en place ne voyent rien de plus beau dans leurs Inferieurs qu'une profonde & aveuglé ſoumiſſion. Les Grands, au contraire, ne paroiſſent jamais plus Grands à leurs Inferieurs, que quand ils ont la complaiſance de s'oublier eux-mêmes pour ne penſer qu'à ceux qui vivent dans leur dependance. Les Pères louent les Enfans qui épargnent avec attention, & ne demandent guere, & les Enfans louent les Pères qui donnent largement. On loue dans le Monde les Hommes, qui ſont

 en-

entreprenants ; on ne loue pas moins les Femmes qui font d'une pudeur farouche , ou du moins d'une circonfpection extreme- ment fcrupuleufe : c'eſt aux uns à attaquer, c'eſt aux autres à fe défendre.

Le Bourgeois s'humilie, & fe tait ; le Soldat gronde, & mena- ce ; l'un veut piller , l'autre ne veut pas qu'on le pille ; Chacun d'eux penfe à fes interêts, & fe fait un mérite d'y tendre , par le chemin qu'il conçoit le plus effi cace pour fe les procurer. Le Moine prie, le Soldat jure, l'un veut fe faire redouter, & l'autre veut fe rendre refpectable ; Cha- cun fait , comme il entend , ce qu'il a interêt de faire, & cha- cun eſt loué de ceux qui font dans les mêmes interêts que lui. Deux Armées s'égorgent reciproque- ment ; dans l'une, & dans l'au- tre, chacun a interêt de faire ce qu'il fait ; Ils moiſſonnent égale- ment

ment la Gloire; & de côté & d'autre on admire la Valeur qu'on pu-
nit. Chacun de même eſt inté-
reſſé à ne paſſer point pour un Hé-
retique ; auſſi chacun renvoye-
t-il ce titre à ceux qui le lui donnent ; Ne penſer pas comme
nous, c'eſt le mériter, il eſt de
notre interêt de nous exprimer
ainſi ; auſſi eſt-ce là le langage
ordinaire. Celui qui ne veut pas
ſe rendre à nos raiſons eſt un o-
piniâtre, mais le peu d'attention
que nous faiſons à celle des autres eſt une louable fermeté, &
une ſage précaution, chacun s'applaudit de ce qu'il fait, & condamne ce que les autres font,
quand il tourne à ſon préjudice.
Parmi toutes ces diverſitez, &
même parmi toutes ces contradictions, je vois régner un ſeul
Principe, & ce Principe eſt toûjours bon ; car c'eſt le *Principe*
de la *Vertu*, l'attachement de chaque perſonne à ce qui l'intereſſe.

C 3

Mais

Mais il arrive que faute d'habileté, chacun ne fait pas choisir la route la plus propre pour arriver à son but, chacun est également juste par rapport au principe qui le détermine, & au grand but qu'il se propose, mais chacun n'est pas également heureux dans le choix des moyens qu'il juge les plus propres pour parvenir à son but. On se flatte souvent d'avoir fait un sage choix, quand on en a fait un pernicieux ; on s'applaudit quand on devroit se faire des reproches ; Mais les pures Intelligences qui sont au dessus de nos illusions, ne jugent pas toûjours comme nous de notre conduite. Un prodigue croit faire merveilles, & se regarde comme un Homme de mérite ; mais les Anges voyent bien que c'est un aveugle qui, sans y prendre garde, nuit à ses propres interêts. Lors donc que venant à rectifier ses Idées, il prend autant de soin de

ses

fes veritables interêts , & les a
autant à cœur, qu'il les avoit négligez , ces mêmes Anges voyent
dans ce bon menager un Homme
qui entend fes interêts , & qui
les avance , c'eft-là une de ces
converfions qui rejouïffent ces
Efprits charitables, ou plûtot ces
Efprits judicieux, qui toujours attentifs à leurs interêts , aiment
à voir que chaque Créature con-
noiffe les fiens, comme eux connoiffent les leurs , & s'en occupe uniquement ; car chaque È-
tre aime par inftinct fon fembla-
ble.

Mais notre grand interêt n'eft-
il pas de penfer à l'Eternité , &
l'avenir n'eft-il pas d'une tout autre importance que le prefent? Il
faudroit être plus que fou pour
en douter, & c'eft de là que je
tire ma plus forte raifon, pour
engager les Hommes à s'appliquer
fans relâche à ce qui peut faire
leur bonheur ici bas, & à ne perdre

jamais de vûë leurs Interêts Temporels. La Félicité parfaite doit être regardée, de la part de Dieu, comme la génereuse récompense dont il couronnera notre Vertu, & notre attachement à notre Devoir: or l'Utilité est le fondement du Devoir, & de la Vertu, & l'on est d'autant plus homme de bien, que l'on s'aime davantage, & qu'on se procure plus de bien: Donc la Félicité que nous attendons sera la récompense de notre application à nos interêts. Si l'on s'avise de répondre en distinguant, & qu'on dise: La Félicité que nous attendons sera la récompense de notre application à nos interêts, *avenir*, concedo, *temporels*, nego. Je replique que par cette belle distinction, l'on retombe dans les principes de l'Ancien Système, & l'on abandonne ceux du Nouveau.

Si, selon l'Ancien Système, l'empressement des Hommes pour
leurs

leurs interêts temporels les expofe fouvent à des indécences, à
des baffeffes, à des indignitez, à
des actions méprifables, odieufes
en elles-mêmes; je conçois comment leur attachement pour ce
qui eft convenable, pour ce qui
eft dans l'ordre, pour ce qui eft
beau, eft, aux yeux du Seigneur,
qui aime l'Ordre, la Convenance,
la Beauté, un objet d'approbation
& de récompenfe. Suivant ce même Syftème, dès que l'Interêt
Temporel s'oppofe à ce qui eft
dans l'Ordre, à ce qui eft beau;
l'Ordre & le Beau doivent l'emporter fur l'Interêt, mais quand
tout cela s'accorde, ce feroit pé-
cher contre l'Ordre, & contre le
Beau que de tourner le dos à fes
Interêts même Temporels, & on
feroit injure à Dieu, fi l'on s'i-
maginoit qu'il exige de nous de
tels Sacrifices; ces Sacrifices ne
feroient point un *Culte raifonna-*
ble. L'Ordre, & le Beau déci-

 dent

dent donc, dans cette Hypothèfe, de notre application à nos interêts prefens.

Mais dans le Nouveau Syftème,
comment fe figurer un Dieu qui
voudroit, en récompenfant la
Vertu, récompenfer le foin qu'on
auroit pris de contrarier, en re-
nonçant à fes Interêts Temporels,
le grand principe de toute Vertu,
l'attention à fes interêts.

Il demande donc, Y-a-t-il quelque chofe de Beau indépendamment de nos Interêts ? Si l'on répond que non ; Pourquoi donc,
demanderai-je, Dieu s'oppofe-
roit-il quelquefois à ce que nous
penfions à nos interêts préfens?
C'eft, dira-t-on, parce que ces
interêts préfens s'oppofent à nos
interêts à venir ; encore une fois
je conçois que cela peut être
ainfi, au cas que notre attachement à nos Interêts préfens ren-
ferme quelquefois du *deshonnête* ;
Mais fi cela eft, voilà l'Idée de
l'Hon-

l'Honnête, indépendante de celle de l'Interêt. Il faut donc penser autrement, s'il eſt vrai que l'*Interêt*, & l'*Utile* ſoient le fondement de la *Vertu*, car alors l'attachement aux Interêts préſens, & l'attachement aux Interêts à venir ſeront deux branches du même principe, principe unique du Devoir, & de la Vertu.

Cela eſt vrai, dira-t-on encore; mais en ſuivant une de ces branches on s'éloigne du Terme, où l'autre conduit. Et pourquoi s'en éloigneroit-on ? Au contraire là où une de ces branches finit, l'autre commence; J'ai à cœur mes interêts; je ſuis fort occupé de mes Utilitez; Ce principe eſt très-bon, car c'eſt le principe de tout ce qui eſt bon. En attendant l'avenir, je travaille ſur le préſent, je me tiens en haleine, & je ferai plus prêt à me ſaiſir des Utilitez qui m'attendent, quand je me ferai affermi dans une habitude conti-

continuelle d'attention à celles qui s'offrent préfentement.

Votre raifonnement feroit concluant, ajoutera-t-on , fi ces Intérêts étoient du même genre ; mais ce qui nous intereffera, dans la vie avenir, eft fi different de ce qui nous intereffe dans celle-ci, qu'une grande habitude avec les biens préfens pourroit être un obftacle à fe familiarifer avec les biens avenir, au point d'en gouter tout le prix ? & d'où viendra cette grande oppofition , fi nos *Intérêts Temporels* n'ont rien en eux-mêmes de *deshonnéte* ? Paffer fa vie dans la mortification, la paffer à fe combattre, & à fe contredire foi-méme, eft-ce un genre de vie plus conforme à la Félicité avenir que de vivre heureufement dès ici bas? Oui, dira-t-on, car ce renoncement, ces combats, font accompagnez de douceurs intérieures , d'avantgoûts des joies céleftes, qui, dès la Terre, nous

met-

mettent en habitude de goûter les Biens du Ciel. Voilà encore une courſe dans l'Ancienne Hypothèſe ; car d'où viennent ces douceurs, ſi ce n'eſt du témoignage excellent qu'on ſe rend d'avoir ſacrifié l'*Interêt* au *Devoir*, l'*Utile* au *Beau*, & d'avoir trouvé *l'obéiſſance aimable en elle-mëme ?*

Juſques à ce que l'on ſe ſoit bien familiariſé avec des Idées nouvelles, les Syſtèmes, dont elles ſont le fondement, paroiſſent toujours hériſſez de difficultez ; N'en laiſſons point s'il ſe peut ſans les reſoudre. Les beaux Eſprits Modernes veulent que *l'Utilité* ſoit le fondement de ce que l'on appelle *Devoir*, *Vertu*, *Honnête*. J'adopte cette ingenieuſe hypothèſe, & pour fonder ſur elle l'Education de la Jeuneſſe, j'en conclus qu'on porte la Vertu à ſon plus haut point, & qu'on approche de la Perfection, à meſure qu'on qu'on entend mieux des Interêts Temporels, & qu'on est plus habile à se les procurer.

Lorsque pour me traverser dans cette Conclusion si naturèle, on m'oppose qu'il faut préferer les interêts du Ciel à ceux de la Terre, & par conséquent négliger ceux-ci ; j'en tombe d'accord, mais c'est pour les cas où les uns & les autres se présentent en même tems, & de telle manière que ne pouvant jouïr en même tems des uns & des autres, nous sommes reduits à la nécessité d'opter. Supposez, par exemple, qu'au moment de notre Création, on nous eût demandé, où nous voulions être placez ; si nous avions été *Sages,* c'est-à-dire, si nous avions bien *entendu nos Interêts,* nous aurions répondu, dans le *Ciel,* & non pas sur la *Terre.* Mais puisque, sans nous consulter, notre Créateur nous a mis sur cette Terre, faut-il méprisev

les

les biens dont il nous a environnez, &, par l'avidité d'en poffeder de plus grands, les negliger,
comme fi nous n'en favions pas
gré? Ce feroit-là une très-grande
faute, car ce feroit mal entendre
nos Interêts, qui demandent plûtot que nous prenions patience,
& qu'en attendant ce qui eft parfaitement excellent, nous nous
amufions agréablement dans la
poffeffion de ce que nous aurions
tort de compter pour Médiocre, puifqu'il nous convient fi
bien, qu'il tient même de l'Excellent.

A la verité s'il y avoit quelque
chofe d'*Indecent*, & de *Bas* dans
la pourfuite des avantages Temporels, le refpeét pour l'*Ordre*,
pour l'*Honnête*, le *Grand*, le *Beau*
devroit nous degoûter de ces
avantages fi mal affortis; mais
comme il n'y a rien de *Laid*, ni
de *Beau* par foi-même, & que
nos *Interêts* fondent ces grands
Noms;

Noms ; encore une fois , il ne peut y avoir aucune raiſon de les négliger, & la Raiſon veut qu'on s'en faiſiſſe toûjours dès qu'on en a l'occaſion.

S'il y a du *Beau* indépendamment de *l'Utile* , & que par là notre empreſſement pour les Objets Terreſtres ſoit, en bien des rencontres, *vicieux* , *deshonnête*, & l'effet d'une Ame en *deſordre*, je comprens qu'il nous met hors d'état de goûter les Objets du Ciel, où tout eſt dans l'Ordre, & dans la Pureté. Mais de croire que la négligence des biens de la Terre ne prepare à la poſſeſſion de ceux du Ciel , que comme une longue indigence , & une longue faim prépare à mieux goûter un repas excellent, ce ſeroit mettre les Biens du Ciel à trop bas prix. Dès qu'ils ſe feront connoître, le goût des Terreſtres diſparoîtra, à moins que ce goût ne ſoit un goût vicieux par lui-même,

&

& qui aît dérangé notre Ame, ce qui ne peut pas arriver, si rien ne la dérange que l'oubli de ses Interêts.

Figurez-vous un Homme, un Courtisan si vous voulez, enfermé pour quelques années, dans une triste Tour, qui n'a pour toute vûë que des Rochers à peine garnis de broussailles, & où il n'entend que des Voix de Chats, que le grand nombre de Souris y attire. Si cet Homme-là, à force d'attention, aperçoit enfin sur ces Rochers de certains arrangemens, qui l'amusent; & dans ces Concerts enragez, des Vivacitez, un ridicule qui le fasse rire, dirons-nous qu'il entend mal ses interêts, & qu'il se trouveroit tout autrement prêt à être charmé, (quand il seroit rentré en grace) de la vûë des Palais, & de la Musique des Opera, s'il avoit négligé de se prévaloir de ces foibles amusemens? Pour moi je trouve que s'il en avoit eu encore davantage, il se seroit toujours plus garanti de ce Sombre, & de cette Melancholie, qui met une Ame, dont elle s'est emparée, hors d'état de goûter la Felicité.

Quelle plus forte preuve qu'un Homme est veritablement attentif à ses *Interêts*, que de le voir toujours habile à se saisir de toutes les occasions qui s'offrent de se procurer quelque contentement? Qui connoit mieux ses Interêts, & qui entend mieux l'Art de se les procurer, & par conséquent qui est-ce qui est plus enraciné dans le vrai Principe de la *Vertu*, ou celui qui est toujours *joyeux*, ou celui qui est souvent *sombre*, ou celui qui fait toujours s'amuser, ou celui qui s'ennuye souvent? Soyez donc attentifs à vos Interêts, voilà la grande Loi, dont toutes les autres ne font que des branches. C'est ce que je fais, grand Législateur, dira chacun de nos
Nou-

Nouveaux Philosophes, aussi vis-je si content que je ne fais que rire.

Quand je me représente une personne qui, toujours tremblante dans la crainte de perdre une Félicité à venir, ne connoit rien de plus propre pour s'en assurer, que de renoncer à toute satisfaction présente, & dans cette prevention, s'applique sans relâche à se combattre, & à se refuser ce qu'elle se demande par ses propres desirs, si je la suppose éclairée par les nouvelles Lumières, je demande quelle Idée elle se fait du Seigneur? S'imagine-t-elle qu'après avoir établi pour Règle de la *Vertu*, *l'Utile*, & par consequent *l'Amour du bien aise*, il ne la couronne cette Vertu, & cet Amour, qu'à proportion des effets par lesquels elle se fera contrariée, & se fera opposée elle-même, pour un tems, à sa vivacité. Opposons à cette personne une autre qui s'abandonne, sans mo-

 dera-

en avoit eu encore davantage, il se feroit toujours plus garanti de ce Sombre, & de cette Melancholie, qui met une Ame, dont elle s'est emparée, hors d'état de goûter la Felicité.

Quelle plus forte preuve qu'un Homme est veritablement attentif à ses *Interêts*, que de le voir toujours habile à se saisir de toutes les occasions qui s'offrent de se procurer quelque contentement? Qui connoit mieux ses Interêts, & qui entend mieux l'Art de se les procurer, & par conséquent qui est-ce qui est plus enraciné dans le vrai Principe de la *Vertu*, ou celui qui est toujours *joyeux*, ou celui qui est souvent *sombre*, ou celui qui sait toujours s'amuser, ou celui qui s'ennuye souvent? Soyez donc attentifs à vos Interêts, voilà la grande Loi, dont toutes les autres ne font que des branches. C'est ce que je fais, grand Législateur, dira chacun de nos

Nou-

Nouveaux Philosophes, auﬂi vis-je
ﬁ content que je ne fais que rire.

Quand je me repréfente une
perfonne qui, toujours tremblante
dans la crainte de perdre une Félicité à venir, ne connoit rien de
plus propre pour s'en aﬂurer,
que de renoncer à toute fatisfac-
tion préfente, & dans cette prevention, s'applique fans relâche à
fe combattre, & à fe refufer ce
qu'elle fe demande par fes propres defirs, ﬁ je la fuppofe éclairée par les nouvelles Lumières,
je demande quelle Idée elle fe
fait du Seigneur ? S'imagine-t-elle
qu'après avoir établi pour Règle
de la *Vertu*, *l'Utile*, & par confequent *l'Amour du bien aife*, il
ne la couronne cette Vertu, &
cet Amour, qu'à proportion des
effets par lefquels elle fe fera contrariée, & fe fera oppofée elle-même, pour un tems, à fa vivacité.
Oppofons à cette perfonne une
autre qui s'abandonne, fans mo-

 dera-

deration, au defir d'être heureu-
fe, qui abfolument veut fe rendre contente, & qui, dans l'at-
tente des biens parfaits, dans lefquels elle fe noyera, avale ceux
qu'elle rencontre en chemin à
auffi longs traits qu'elle peut.
Moins elle eft Maîtreffe à cet é-
gard d'elle-même, & de fes defirs;
plus elle eft dominée par la Vertu,
& par l'empreffement pour fes interêts. Quand même d'un côté
elle ne s'y achemineroit pas avec
autant de précaution & d'habileté, que l'autre, d'un autre auffi
elle y tendroit avec plus de zèle :
& quand j'accorderois qu'on trouve dans celle-là, plus d'habileté,
il faudroit auffi tomber d'accord,
qu'on trouve dans celle-ci un
meilleur fonds d'ame, un cœur
plus avide d'*Utilité*, & par confequent plus alteré de la *Vertu*.
Ainfi il faut permettre à l'Homme de s'appliquer de tout fon
cœur dès cette vie à fes Interêts
Tem-

Temporels, & il faut reconnoître
que c'est la matière qui est pro-
posée à sa Vertu, la matière sur
laquelle il doit s'exercer, & par
laquelle un Homme doit vérifier
la bonté de son fonds, la sincéri-
té & l'ardeur de son empressement pour ses utilitez; ou bien il
faut renoncer au Nouveau Système, pour retomber dans celui
des Anciens, & admettre une
Vertu, dont la nature soit *belle,*
& aimable par elle-même, & mérite notre attachement indépendamment même de nos utilitez.
Mais que dis-je l'Ancien Système?
Si l'on y pense mieux, on trouvera que ce qu'on apelle le Système
Nouveau, n'est que celui des Anciens renouvellé? Plus on remontera de siècle en siècle, plus on
ira loin, & plus en s'approchant
de la Source, on approchera de
trouver la Nature dans sa première pureté, mieux aussi decou-
vrira-t-on que les Hommes ont

reglé leurs Devoirs fur leurs Interêts. Les Anciens Héros étoient
indifferemment Modeftes, Gé-
néreux, Equitables, ou Fiers,
Cruels, Brutaux même, felon les
circonftances, & fuivant la diver-
fité des interêts qui leur tenoient
à cœur. *Homère* le concevoit
ainfi, & c'eft pour lui vouloir
prêter d'autres fentimens & rectifier fes idées, fur celles d'une Morale plus auftère, & moins naturèle,
que fes Commentateurs le font à
tout moment tomber en contradiction, à force d'y tomber eux-mêmes.

Ma digreffion fur la nature de
la Vertu fera bientôt achevée,
je n'ai plus qu'à examiner une
Maxime équivoque, qui, faute
d'être prife dans fon vrai fens,
pourroit jetter dans l'erreur. Il y
en a qui prétendent qu'au lieu de
s'occuper uniquement du foin de
fes propres interêts, & de fe rendre par là fufpeÅ aux autres hommes, il vaut mieux s'affurer de
leur

leur amitié, en fe perdant foi-
même de vûë pour s'affectioner
à les fervir, & à s'employer à
leur utilité; c'eft-là, difent ils,
le parti le plus fûr qu'on puiffe
prendre, nous y trouverons notre compte, & nous n'arriverons
que plus infailliblement à notre
but par ce chemin qui paroit d'a-
bord nous en détourner. Quand
les autres hommes nous verront
ainfi attentifs à leurs utilitez, ils
nous chériront, ils travailleront à
notre fureté, & il fera de leur
interêt même de nous conferver
dans des inclinations fi aimables
pour eux, en nous aimant, & en
nous marquant de la reconnoiffance ; de forte que fi nous tra-
vaillons pour plufieurs, plufieurs
auffi travailleront pour nous.

Si par cette Morale on a en
vûë d'établir qu'il eft beau de fe
confacrer au bien des autres hommes, & qu'une des plus charman-
tes idées, aux douceurs de la

 quelle

quelle un Eſprit raiſonnable puiſſe s'abandonner , c'eſt celle d'une Societé où perſonne ne connoîtroit d'interêt ſeparé de ceux des autres ; où chacun auroit uniquement en vûë le bien public , & où rien ne ſeroit compté pour utile que ce qui s'y rapporteroit , où chaque homme enfin ſeroit aux autres hommes comme une Divinité , une image de Dieu par l'imitation continuelle de cet Etre adorable , qui répand continuellement ſes faveurs , parce qu'il aime à les répandre , & travaille à rendre ſes créatures heureuſes , parce qu'il aime leur Félicité.

Si l'on ajoûte que ce Grand Etre a formé notre Nature , avec tant de ſageſſe , & tant de bonté , que nous ne ſaurions nous acquiter de notre devoir ſans trouver de la récompenſe , que ces interêts , dont il eſt beau de ne faire point ſa principale vûë , ſe retrouvent dans cet interêt public , auquel il

eſt

eſt beau de ſe devouër ; & qué comme il arrive ſouvent que ce qui nous intereſſe, nous fuit, par cela même que nous le cherchons avec trop d'empreſſement, il arrive auſſi ſouvent qu'il s'offre de lui-même par là même que nous l'avons négligé. Quand nous cherchons *premierement le Royaume de Dieu, & ſa Juſtice,* avec ce que nous cherchons principalement, nous parvenons encore à ce dont l'acquiſition ne nous embaraſſoit pas; mais quand on perd de vûë ce Royaume, & ſa Juſtice, on le perd, on ſe perd ſoi-même & on laiſſe échaper tout le reſte.

Si l'on prétend enfin que quand le grand nombre d'ingrats, d'ames baſſes, d'hommes eſclaves de leurs propres interêts, qui couvrent la face de la Terre, ne permet pas de trouver, dans la reconnoiſſance des autres, ce qu'on a négligé pour leur utilité, on ne laiſſe pas de ſentir un admirable

     dé-

dédommagement de tous les in‑
conveniens, auxquels on se trou‑
ve exposé par leur ingratitude,
& par leur injustice, dans la satis‑
faction interieure d'avoir preferé
le *Beau* à l'*Utile*, ou plûtot d'a‑
voir compris qu'aucune utilité
n'est comparable à la satisfaction
de connoître le veritable *Beau*, le
veritable *Honnête*, & de le suivre
constamment. Je reconnois que
cette Morale est pompeuse ; elle
paroit même solide ; je ne dis‑
conviens point qu'elle n'ait un
brillant, & qu'elle n'offre des ap‑
pas dont j'ai de la peine à me dé‑
fendre. Le plus sûr est donc d'en
détourner mon attention , si je
veux continuer dans la route que
je me suis prescrite ; C'est‑là l'An‑
cien Système, & dès qu'on l'ad‑
opte, il faut renoncer au merite
de bel Esprit, & à toutes les sui‑
tes d'une idée si flatteuse.

Ainsi je vais faire un nouvel ef‑
fort afin d'examiner ces dernières
Maxi‑

Maximes d'un Esprit libre, & degagé de toute prévention. On nous recommande de travailler à l'Utilité des autres, & à l'avantage de la Societé; J'y confens, cela eſt juſte, cela eſt beau, ou pour parler plus exactement & plus conformément à nos principes, cela eſt *utile*, cela eſt *fin*. Mais il ne le feroit plus ſi l'on y donnoit groſſierement. Pourquoi faut-il s'employer à l'Utilité d'autrui? C'eſt que par-là on ſe rend utile à ſoi-même. Lors donc que mon interêt demande que je rende ſervice aux autres, je ferois injuſte, car je me négligerois, ſi je refuſois de leur rendre ſervice; mais pour la même raiſon, dans les cas, où il eſt de mon interêt de leur nuire, je ferois encore injuſte, ſi je me le défendois, car je négligerois mon utilité. On fentira cette verité par l'exemple ſuivant.

Un homme inquiet a pris depuis

puis peu assez d'affection pour
vous, pour écrire en votre faveur
un neuvième Testament, où il
vous établit son Héritier Universel, & vous en êtes assuré. Il
tombe malade, & vous, sans avoir
jamais fait profession de Médeci-
ne, connoissez la nature de son
mal, & vous en avez par hazard
un remède infaillible ; Vous ne
le dites point ; à quel propos le
diriez-vous ? Personne ne vous
en soupçonne, il y a plus. Le Mé-
decin que votre ami a demandé,
& en qui il a confiance, s'est tellement trompé dans ses conjectures qu'il va causer sa mort, suivant toutes les apparences : l'A-
poticaire même se méprend, il lit
mal, & double la dose fatale ; Demi heure après le malade tombe
en léthargie, & vous l'aidez vous-
même adroitement, par quelque
goûte de liqueur propre à lier
de plus en plus les esprits ; il
meurt, & vous laisse grand riche ;
Vous

Vous avez tout lieu de vous féliciter, & du fuccès, & des moyens. L'*Utile* eft le fondement
du *Devoir*; vous vous l'êtes pro-
curé, vous avez donc fait ce que
vous deviez faire. Mais, direz-
vous, on me foupçonnera peut-
être? Et qui vous foupçonneroit?
Et fur quoi fondé? Vous ferez
grand riche; qui oferoit vous cha-
griner? mais je perdrai un ami?
Pour rendre plus forte cette objection, qui ne fait que mollir
contre mes principes; changeons
quelque chofe dans notre fuppo-
fition, & concevons-le auffi parfait ami que les Philofophes le dé-
finiffent. Quand un tel ami feroit
en lui-même un bien plus pré-
cieux que n'eft l'argent, fa vie eft
incertaine; au lieu que vous êtes
plus fûr de tenir ce que vous tenez; & puis, quel eft cet ami?
un homme qui vous a aimé comme
foi-même, que dis-je, un homme plus attentif, & plus fenfible

à

à vos interêts qu'aux fiens, c'eft-à-dire, un *fou*, digne du dernier mépris, puis qu'il ne connoit pas les premiers principes de la Vertu, que même il n'en a point, & n'en peut avoir, parce qu'il a renoncé à ce qui en eft le véritable fondement, l'*attention à fes Interêts*.

Mais il m'étoit fi commode; je pouvois lui confier tous mes fecrets? Si vous le connoiffiez pour un homme fage, & toûjours prêt à fe préferer à autrui, & à tout facrifier à fes interêts, vous aviez grand tort de vous mettre ainfi dans fa dépendance. Si au contraire il vous étoit connu pour un homme qui auroit mieux aimé perir que de vous faire du chagrin; vous aviez encore tort de vous livrer ainfi à une tête fans cervelle ; la Raifon ne lui avoit point infpiré des fentimens qu'elle condamne ; il s'y trouvoit donc par pure fantaifie, & qui vous répon-

doit que cette fantaifie ne feroit
pas place à une autre, comme il
arrive ordinairement? Rien n'eft
ferme que la Raifon bien éclairée; encore a-t-elle fes Eclipfes.
Il avoit l'efprit fi jufte, & il me
donnoit de fi bons confeils? Soit,
mais avec le bien qu'il vous a laiffé, vous pouvez vous paffer des
autres, & de leurs confeils; & fi
par hazard vous en avez befoin,
vous n'aurez qu'à en demander
hardiment à qui il vous plaira;
il n'y aura perfonne qui ne fe
trouve intereffé à mériter votre
eftime, & à fe rendre, par fon
application à vous bien répondre,
digne que vous le confultiez fouvent. Croyez-moi, fi votre ami a-
voit vécu dans l'indigence, il vous
auroit fouvent embarraffé avec
toute fon affection. Tout ce qu'il
pouvoit vous donner, il vous l'a
laiffé tout d'un coup, tous fes fecours font en votre puiffance, &
vous n'avez que faire de l'en re-
mer-

mercier , & de lui rendre bien
pour bien. Gardez pour vous &
le fien & le vôtre. Mais il donnoit de fi bon cœur ? Donnez-vous
à vous-mêmes d'auffi bon cœur,
& foyez votre bon ami.

On pourroit alleguer cent exemples pareils , & celui-là n'eft
pas un des plus forts. Ajoûtons-
en encore un , pour mieux éclaircir la nouvelle hypothèfe. Vous
vous êtes emparé depuis long-
tems de la confiance d'une perfonne , & vous avez fait avec lui
diverfes affaires , bonnes pour l'un
& pour l'autre ; il a mis à couvert de grands biens fous votre
nom ; tous vos Comptes font
exactement dreffez , & fignez ;
vous êtes irrecherchable ; Il fe
voit mourant , & , dans la crainte
qu'une Epoufe , qu'il n'aime pas,
ne devienne , fuivant les Loix du
Païs , héritiere de tous fes biens,
en fuccedant à un Orphelin qu'il
laiffe fort jeune ; il prend le parti

de

de vous charger de rendre à son Enfant, après la mort de sa Mère, le bien que vous tenez de lui; Vous lui promettez tout, & vous ne tenez rien, car je vous suppose un homme qui ne perdez jamais de vûë le fondement de la Justice & du Devoir, votre Utilité. Mais si cela venoit à être sû? Vous avez les Comptes, & les Quittances; Craignez-vous qu'il ne revienne de l'autre Monde pour vous faire un procès? Dans l'autre Monde on voit clair; on ne se trompe plus, & par consequent on comprend que vous avez raison, que vous êtes un *galant homme, habile,* veritablement *vertueux,* & que vous ne méritez pas qu'on vous fasse honte. Mais quelle réputation, dites-vous, ne me ferois-je pas? Vous êtes donc dans la vieille erreur, que *bonne Renommée vaut mieux que Ceinture dorée?* Mais les beaux esprits d'aujourd'hui laissent cette Maxi-

me

me aux vieux rêveurs. Et que vous reviendra-t-il de toute votre belle réputation ? Les plus fins vous mépriferont ; quelques petits genies, qui ne favent pas raifonner, diront à la verité que vous avez bien fait, mais ils ne daigneront pas feulement vous admirer, perfuadez qu'ils en auroient fait tout autant, & que fi vous aviez agi autrement, vous en feriez affez puni par vos remords.

En tout cas vous joüirez de votre bien, pendant toute votre vie ; mais avant la fin d'une année, on fe feroit laffé de parler de vous, & de faire l'éloge de votre desintereffement, & de votre bonne foi ; Encore bien des gens douteroient-ils que vous euffiez tout rendu, au lieu qu'en ne rendant rien, on ne vous foupçonnera pas ; ou, fi on formoit des foupçons, on n'oferoit s'en expliquer. Encore une fois, que vous reviendroit-il de votre Réputation ?

Des

Des Emplois, des Dignitez? Les refuse-t-on à l'argent? Des Confiances, des Dépôts? Nouveaux embarras à moins que vous n'ayez menagé votre hameçon pour un plus beau coup de filet ; mais ce que l'on tient vaut mieux que ce que l'on espere. De pareils coups font rares, & ne se présentent gueres qu'une fois.

Servez donc le Public, quand vous ne pouvez vous en dispenser, ne négligez point les autres, quand votre négligence pourroit vous coûter ; empressez-vous à paroître *genereux*, quand vous comprenez que c'est une *habile usure*. Mais par les mêmes principes, soyez toûjours pour vous aux dépens d'autrui, quand vous le pourrez sans vous nuire.

Votre Patrie a besoin d'argent, & vous avez besoin que votre Patrie se soutienne. Proposez que chacun se taxe, offrez vous-même le premier une somme qui

 frap-

frappe, votre Exemple fera fuivî, & ceux qui reculeront à offrir, on les taxera au de là de ce qu'on auroit d'abord accepté. Mais dès qu'on a ramaffé pour fuffire aux befoins prefens, vous pouvez demeurer en repos ; votre fûreté eft à couvert par celle de votre Patrie. A la vérité vous avez moins donné à proportion qu'un grand nombre d'autres moins riches ; Mais en cela vous pouvez d'autant plus vous féliciter d'être un homme de bien, que vous avez mieux fû pourvoir à tout, & ménager vos propres Interêts, en vûë desquels feuls vous follicitiez pour le Public.

Les Nouveautez font ordinairement fufpectes, & tout homme qui hazarde un Syftème Nouveau, s'expofe au rifque d'être plus que contredit. Il y a des matières fur lefquelles on a fur tout de la peine à s'accommoder des nouvelles idées, & les hommes font fi

dé-

déraisonnables qu'ils ne veulent pas seulement qu'on les autorise à faire ce qu'ils font tous les jours. Aussi les Auteurs, & les partisans de l'Hypothèse sur laquelle je fonde ce Traité de l'Education, ne se font pas énoncez, ni avec beaucoup d'étenduë, ni avec beacoup de netteté. Mais j'ai cru qu'il étoit tems d'exposer leur Système au grand jour, & d'étaler la fécondité de ses principes, dans les consequences qui en naissent. Peut-être me sauront-ils mauvais gré de mes soins; mais à moins qu'ils ne prennent le parti de renoncer à leurs principes, il faut qu'ils se payent de cette réponse ; S'il étoit de leur Interêt que je n'écrivisse pas, comme je viens de faire, mon *Interêt* m'engageroit à écrire comme j'ai fait; Je l'ai suivi, je suis donc un Homme *Juste.*

Quand je recommande d'inspirer sur toutes choses, aux Enfans

 l'atl'attention à devenir riches, on peut, après ce que je viens de dire, reconnoître aisément dans mes inſtructions la Voix de la Nature, & de la Nouvelle Sageſſe. Peut-être que ces Inſtructions les porteront juſques à l'Avarice ; le pas eſt gliſſant, je l'avouë ; mais c'eſt-là un petit inconvenient & au fonds ſi ce malheur leur arrive, ce n'eſt pas un grand malheur. On ne ſauroit dans ce monde ſe procurer des avantages bien purs, le mal ſe trouve toûjours à côté du bien, & l'on doit ſe trouver fort content, lors qu'après avoir tout exactement apprécié, on reconnoit, que dans le parti qu'on a pris, le bien l'emporte de beaucoup ſur le mal. La Prudence, qui eſt une des Vertus Cardinales, demande que l'on s'attache au parti qui, généralement parlant, & pour l'ordinaire, eſt le plus ſûr de beaucoup ; or que généralement parlant, & pour l'ordinaire, un

Avare

Avare ne foit dans le Monde, fur
un beaucoup meilleur pié, qu'un
homme qui manque de bien, de
quelles qualitez que fa pauvreté
foit d'ailleurs dedommagée, j'en
attefte l'expérience de tous les
fiècles, celle d'autrefois comme
celle d'aujourd'hui; cette Impref-
fion eft tellement la Voix de la
Nature; qu'à cet égard les hommes ont été de tout tems les mêmes; ils ont varié prefque dans
tout le refte. Les Sciences, & la
Religion ont changé comme les
Langues, les Modes, & les Gouts.
Mais aujourd'hui, comme autrefois, c'eft une *Verité conftante*
que quand on eft riche, on eft
tout; On ne fera gueres contredit quand on affurera du riche ce
que les *Stoïciens* difoient de leur
Sage, il *n'ignore rien, & aucune
Vertu ne lui manque. Pindare* ou-
vre fes Odes par cette fentence.
*L'Eau, le Feu, & l'Or font des
chofes excellentes.* Il raffemble tout
E 4   ce

ce qu'il connoit au Monde de plus estimable pour y comparer ses Heros. Sans l'Eau, & sans le Feu il n'y a pas moyen de vivre, & sans l'Or, il n'y a pas moyen de vivre heureux; *Glaucus* est loüé par *Homere* comme un grand & aimable Prince; mais dès qu'il lui arrive de porter sa generosité jusqu'à troquer un bouclier d'or contre un bouclier d'airain, ce même *Homere* reconnoit que ce Prince est *fol*, mais si fol, qu'il faut que *Jupiter* lui-même, par sa toute-puissance, lui ait fait tourner la cervelle.

Les Latins ont pensé sur ce sujet comme les Grecs.

Et Genus & Formam Regina Pecunia donat.

La Noblesse, & la Beauté ne manqueront jamais à un Riche. C'est beaucoup, disoient les Philosophes, si la Vertu nous acquiert un très-petit nombre d'amis; c'est beaucoup

coup quelquefois si elle nous en
fait un ; mais avec les richesses l'on
en a toûjours un grand nombre.

Si fueris dives multos numera-
bis amicos.

Il en étoit ainsi chez les Hébreux.
Les Richesses, disoit Salomon, *af-*
semblent beaucoup d'amis, mais le
chétif en est abandonné, Prov. XIX.
Il est vrai que ce grand & sage
Prince, suivant les Idées de l'Ancien Système, fait cette remarque
à la honte du Genre humain.

Ce n'est pas qu'un ménage é-
clairé ne vaille mieux, & ne soit
plus conforme à nos interêts qu'u-
ne simple inclination pour le bien,
quand elle n'est recommandable
que par sa vivacité, & par sa
constance. Il ne suffit donc pas
pour bien élever un jeune homme de lui inspirer de louables inclinations, il faut lui apprendre à
les diriger. *L'empressement pour*
l'Utile c'est le *fonds de la Probité,*
c'est le germe de la Vertu, mais

 la *Finesse* , & l'habileté à se les procurer en est le *Relief*. Il y a de
bonnes gens qui ont toute l'inclination imaginable à amasser du
bien , mais qui n'en savent pas
venir à bout ; la force même de
leur inclination est quelquefois un
obstacle à l'habileté qu'ils devroient
avoir , tantôt leur attachement
les retient , tantôt leur zèle les
emporte ; Ce sont-là des defauts
qu'une bonne Education doit prévenir.

L'Argent n'est actuellement
utile que quand on s'en sert. Il
faut donc s'en servir , & en avoir
toûjours autant qu'il en faut pour
s'en bien servir. On se souviendra
que j'ai déja conseillé de faire naître de bonne heure dans les enfans l'envie de ce qu'ils voyent
chez les autres ; mais il faut leur
faire comprendre que pour se
conserver en état de satisfaire ,
dans toutes les occasions , cette
louable envie, il ne faut pas s'é-
puiser ;

puifer ; & que par conféquent, il faut remplacer à mefure qu'on dépenfe. Dès qu'on les verra pleins d'ardeur, pour fe procurer quelque bagatelle, loin de reprimer cette ardeur, il faut la foutenir, il faut la feconder , & s'en fervir pour les rendre induftrieux. C'eft-ce qui arrivera , fi on ne leur permet pas d'acheter ce qu'ils fouhaittent fi paffionnément, avec l'argent qu'ils ont déja eu le bonheur d'amaffer ; Il faut que cet argent leur foit facré, & que cependant ils follicitent Père & Mère, ils remuent Ciel & Terre pour en recouvrer de nouveau ; On leur en facilitera fous main les moyens, de peur que la tentation ne les prenne de toucher au Thréfor, & afin qu'ils fe forment au doux plaifir de devoir quelque chofe à leur Sagacité, à leur infatigable diligence, & à leur importunité même ; car c'eft un grand fonds que la *Science d'être impor-*

tun

tun fans rougir, d'effuyer les rebuts fans fe deconcerter, de fe mettre peu en peine du chagrin qu'on fait aux autres, pourvû qu'on réüffiffe dans ce qu'on a à cœur, & dont on eft rempli ; c'eft un grand Art que celui de mettre les autres dans la néceffité d'accorder, de bonne grace, ce qu'ils fentent bien qu'ils feroient obligez de ceder à l'importunité : Il faut donc fe faire preffer afin de fe faire importuner, & d'en affermir l'habitude dans les Jeunes gens.

Comme ils fe laffent bientôt des bagatelles qu'ils ont fouhaittées avec le plus d'empreffement, s'ils les ont payées trop cher, il faut augmenter leur dégout par le reproche de cette faute, & la leur remettre devant les yeux, jufques à ce qu'ils l'ayent reparée par quelque marché avantageux; mais quand ce qu'ils ont acheté vaut beaucoup plus que l'argent
qu'ils

qu'ils en ont donné, il faut que
cette reflexion relève encore à
leurs yeux le prix de ce qu'ils
viennent d'acquerir, & les porte
à le ranger au nombre de leurs
amufemens les plus cheris.

Le degoût que les jeunes gens
conçoivent pour ce qu'ils ont depuis quelque tems, & à quoi ils
font déja tout accoûtumez, fait
naître chez eux un penchant à
troquer; c'eft encore là une inclination dont il y a de bons partis à tirer. Un homme, qui eft
toûjours prêt à fe defaifir de ce
qu'il a, ne paffe pas pour Avare,
& le grand point eft de l'être fans
en avoir la réputation. On profi-
tera encore de leur penchant à
troquer, pour les rendre induftrieux. S'ils troquent finement,
pour un jouët, ils en auront trois
ou quatre, & perfeverant à troquer avec fuccès, cela ira à l'infini. Je laiffe à l'habileté des Précepteurs à executer ce peu de

con-

conseils : Marquer beaucoup d'attachement pour ce que l'on a, un
grand fonds de complaisance pour
s'en desaisir en faveur de ceux qui
le souhaittent, pourvû que l'on
n'y perde pas, une hardiesse fleg-
matique à taxer bas ce qui appar-
tient aux autres &c. Quand un
enfant sait de bonne heure piller
ainsi ses camarades, sous pretexte
de leur faire plaisir, on lui fera
sentir le prix infini de cette in-
dustrie ; c'est la qualité favorite
dont on les félicitera le plus ; mais
avec cette précaution que c'est-là
une joye qu'il faut renfermer dans
son sein. Il n'y a point de Vertu
que la modestie pare mieux que
celle-ci. Il vaudroit mieux l'ignorer que de la laisser remarquer
aux autres. C'est comme si on la
perdoit, car on en perdra tout le
fruit. *Sapiens gaudeat in sinu sibi-
que sit Magnum Theatrum.* „ Vou-
„ lez-vous, disoit *Epictete*,
„ connoître si vous avez de la
force

,, force d'efprit ; quand vous
,, mourrez prefque de foif , ap-
,, prochez vos lèvres d'une Eau
,, claire, & coulant de fa four-
,, ce, fans en avaller une goute,
,, mais que ce foit fans témoin,
,, & n'en dites rien à perfonne.

Ses parens les plus proches &
fes amis les plus intimes doivent
être , autant que les plus étrangers , les objets de fon avidité,
& il doit également s'applaudir
d'en faire fes duppes ; *Tros Ru-*
tulusve fuat nullo difcrimine ha-
beto. Faire donner dans le panneau
un ennemi, ou une perfonne in-
different, c'eft une Vertu commune, c'eft une Vertu de *Payen,*
& de Peager : mais s'enrichir aux
depens d'un frere , c'eft prouver
inconteftablement qu'il n'y a rien
qu'on ne foit prêt de facrifier à
fes interêts, & qu'on les a parfaitement à cœur ; & comme c'eft
avec fes plus proches, qu'on a le
plus

plus souvent à faire, si on craint
de les tromper on laissera échapper mille occasions de gain. De
plus, comme l'on peut exercer sur
eux sa finesse avec plus de facilité,
parce qu'on les trouve tout pleins
de confiance, on le peut aussi
avec plus de sureté ; car il est de
leur interêt de n'en faire pas de
bruit ; on ménage toûjours l'honneur d'un Parent, & d'ailleurs
on rencontre à tout moment des
occasions de reparer une offense
faite à une personne, avec qui
l'on est lié, & quand, dans ces
occasions, il n'y va rien du nôtre,
il faut les embrasser avec une ardeur nompareille. Ce n'est pourtant pas que dans les occasions in-
teressantes, & dans lesquelles il
faut opter, l'Etranger ne doive
être ménagé préférablement au
Parent, car l'Etranger se souvient
d'un refus, & se fait un mérite
de le rendre ; mais le proche parent

rent pardonne , on a mille occafions de le fléchir.

Un Enfant fe forme de bonne
heure à la *Fineffe* par des *Excu-*
fes ; voilà pourquoi on doit bien
fe garder de les interdire tout-à-
fait. On rira de la groffiéreté des
premières ; Quand elles feront un
peu mieux concertées, on accor-
dera quelque chofe à l'habileté
naiffante ; Mais quand enfin elles
feront foûtenuës d'un air parfaitement affuré, on s'y rendra fans
balancer. Les inégalitez d'un Précepteur feront ici de quelque ufage, car fi, fuivant l'humeur dont
il fe trouve, tantôt il rabrouë,
tantôt il rit, tantôt il paroit per-
fuadé de la verité des excufes,
fon Elève d'un côté, les hazar-
dera toûjours, mais d'un autre il
les concertera bien, & il compo-
fera fon air, afin de les faire plus
fouvent réüffir. S'il s'accoûtume
à être rabroüé fans perdre courage, il éprouvera de jour en

F

jour

jour combien l'opiniâtreté , foû-
tenuë d'une grande affurance ,
peut être d'ufage chez les hommes.

Il y en a qui , prenant ainfi fur
eux - mêmes de mentir fans pudeur , & fans aucun indice d'embarras , font parvenus à réfufer un
Dépôt confié tout recemment , &
à en profiter pendant que ceux
qui le redemandoient légitime-
ment avoient prefque honte de
l'avoir demandé? Quand un homme eft connu pour avoir un front
d'airain , c'eft une néceffité qu'il
faffe bien fes affaires ; car ceux
qui ont befoin de lui , perfuadez
que le paffé n'a aucun pouvoir fur
fon cœur , & que ce qu'on appelle honneur , & reconnoiffance
font pour lui des mots fans idées ,
ils comprennent qu'ils ne peuvent
fe l'attacher que par l'interêt continuel , qu'il aura à leur être utile. Ils ne compteront donc en
rien fur le paffé , mais ils fe pré-

teront

teront sans cesse à ses interêts, afin qu'il continuë à favoriser les leurs.

Ce n'est pas assez d'être *fin* dans ses projets, il faut être hardi à les executer, & quand sous la peau d'une *Brebis* l'on cache les ruses d'un *Renard*, & l'assurance d'un *Lion*, il n'y a rien à quoi on ne puisse aspirer. On accoûtume heureusement un Enfant à se roidir contre les coups, en les lui donnant mal à propos, & on le forme par ce moyen à braver les insultes ; s'il n'a pas étudié un mot de toute la journée, & qu'il en soit quitte pour quelques coups de ferules, ou pour quelques coups d'étrivieres, sans être condamné à faire ce qu'il a négligé, il regarde ces ferules, & ces étrivieres comme des bénédictions. Quand on sera content de lui, on le regalera de contes, dont quelque brutal sera le Heros. On ne le reprendra que foiblement d'avoir

De la Hardiesse & du Courage.

com-

commencé une querelle, & on le louera de s'être bien défendu; On aimera à lui voir ne point lâcher prise, & fût-ce son propre frere, l'étrangler plûtôt que de se résoudre à lui faire excuse, ou à ne lui rendre pas au double les coups qu'il en a reçus.

Les Animaux feroces ont apparemment été pour les hommes les premiers objets d'admiration aussi bien que de terreur; les premiers Heros se sont formez sur de tels Modeles, comme on le voit par *Achille* le Heros d'*Homere*. Une infinité de gens conservent encore ces anciennes idées, & la ferocité peut avoir ses bons effets.

Un Caractère qui promet beaucoup dans les Jeunes gens, c'est celui de rire du mal qu'ils ont fait. C'est une preuve qu'ils comptent les autres pour rien, qu'ils ne font d'attention qu'à eux-mêmes, & que l'*Utile*, le grand fondedement du Devoir, les poſſède uniquement. Il ne faut point s'é-tonner ſi un homme ainſi fait réuſſit, car il n'eſt point partagé entre le ſoin d'autrui, & le ſoin de ſoi-même, & tout le mal qui en peut arriver aux autres ne l'empêche jamais de faire ſon che-min.

Quand on eſt frappé du mal qu'on a fait aux autres, on n'eſt pas maître de ne ſe le reprocher point ; on eſt embaraſſé quand on les rencontre, & comme on pro-nonce ſoi-même ſa condamnation par ſon embarras, on les avertit en quelque maniere qu'ils ſont en droit de rendre la pareille, & qu'on pliera ſous le retour, puiſ-qu'on eſt intimidé : Mais un homme qui compte pour rien le préjudice qu'il a cauſé aux au-tres, & n'en eſt aucunement é-mu, les aborde avec aſſurance, il eſt le premier à leur ſoûrire, & à moins qu'ils ne ſoient auſſi roi-

 des

des que lui, il les force à être
gracieux ; on les croit alors recon-
ciliez avec celui dont on les ju-
geoit ennemis, & on n'ofe trouver à redire à des démarches que
les perfonnes offenfées ne paroif-
fent pas condamner.

D'ailleurs comme les gens de ce
caractère, uniquement attentifs
à eux-mêmes, ne s'embarraffent
point des autres, on peut dire en
quelque forte qu'ils n'aiment & ne
haïffent perfonne. Celui qu'ils ont
traverfé aujourd'hui parce qu'ils
l'ont trouvé dans leur chemin, ils
feront auffi prêts à le fervir demain,
s'ils y trouvent leur compte, que
s'ils ne l'avoient jamais contrarié ;
deforte que le meilleur parti qu'on
puiffe prendre avec eux, c'eft de fe
prêter mollement à leurs interêts,
afin d'y trouver les fiens propres.

Au lieu d'un Chapitre médiocre, il auroit été facile de compofer un gros Traité fur le fujet
des Devoirs, mais comme cet Ouvrage

vrage est destiné aux Précepteurs qui savent refléchir, je compte qu'après avoir bien médité sur la nature des quatre Vertus Cardinales, l'*Attachement au bien*, la *Ruse*, le *Courage*, & la *Malice*, ils pourront d'eux-mêmes former leurs Elèves à tout ce qui en est une dépendance.

Je n'ai plus qu'un mot à dire pour répondre à ceux qui pourroient encore méprifer, comme inutiles, les foins que je viens de me donner, fous pretexte que la Nature cette bonne Mère nous conduit d'elle-même à tout ce que je viens de prefcrire. J'avouë qu'il y a des Naturels affez heureux pour être venus à bout de porter, fans le fecours de l'Education, les vertus, que je viens de décrire, prefque à leur plus haut point, & c'eft en étudiant ces excellens Originaux que j'ai dreffé mes Règles ; mais comme c'eft moins la lumière qu'un inf-

tinct

tinct confus qui les a si bien diri-
gez, il me semble que c'est leur
rendre un bon office, & m'ac-
quitter en même tems de mon
devoir, en leur restituant en quelque manière ce qu'ils m'ont prê-
té, que de leur fournir des raisons pour justifier une Conduite
qui leur est chere; & j'ose soûtenir qu'on n'en sauroit gueres alleguer de meilleures. Et certes
ils ont besoin qu'on leur fournisse
des moyens de se défendre, car,
pour ne rien dissimuler, ils ont
à faire à des adversaires redouta-
bles, qui ont conçu un mépris
infini pour eux, & qui les regardent avec la derniere indignation.
Si l'on en croit la vieille Morale,
ils font des Monstres parmi les
hommes; Leurs Rufes, & leurs
Violences en les mettant à couvert, sur la Terre, des châtimens
qu'ils méritent, ne rendent que
plus inévitable l'éternelle punition qui les accablera. La Terre,

ce

ce séjour au fonds si délicieux, sur lequel le Créateur répand tant de graces à pleines mains, cette Terre éclairée du Soleil, couverte de plantes innombrables, remplie d'Animaux de toute espèce, diversifiée par des Plaines, des Côteaux, des Forêts, des Prairies, des Champs couverts de grains, arrosée par les eaux des Nuées, & des Fontaines, dont la vaste Mer est le reservoir. Cette Terre, qui de toutes parts, nous offre des miracles dignes de toute notre admiration, devient un séjour plein d'affreux ennuis, pour les cœurs qui ont de la droiture, parce qu'ils y sont mêlez avec ces malheureux qui, ne vivant que pour eux-mêmes, ne semblent nez que pour troubler la félicité, & le repos des autres. Ce sont des taches qui obscurcissent jusques à la divine Providence. On ne sait point accorder cet ordre si sage, si mer-

                veil-

veilleux, si soûtenu, qui saute
aux yeux, dans l'Univers Corpo-
rel, avec cet affreux désordre, qui
régne parmi les Hommes: Toutes les parties de l'Univers sont
faites les unes pour les autres, tout
y tend sans cesse, tout y conspire
sans interruption, à un même
but, à conserver l'Univers dans
sa beauté. Mais lorsque, dans la
Societé humaine, on voit que
chacun ne pense qu'à soi, que
chacun est son unique but, que
chacun est prêt de sacrifier tous
les autres à ses interêts, & s'occupe sans cesse à tirer son éleva-
tion de leur abbaissement, & sa
félicité de leur misère ; on est
troublé, & on a de la peine à croire que cette Terre, qui, de toutes parts, nous presente tant de
caractères éclatans de la Main
toute Sage qui l'a agencée, ait
été formée par une Sagesse Infinie, pour servir d'habitation aux
hommes, c'est-à-dire pour être
cou-

couverte de Monſtres dont la vie ſe paſſe preſque toute en-tiere à combattre leur Raiſon, pour ſe livrer à l'Infamie, & à la Cruauté.

Les *Philoſophes* dont les lumiè-res ſont parvenuës à reconnoître un Dieu Souverain, & ſa Provi-dence, ont ſenti la force de cette difficulté, & ont employé tout ce qu'ils avoient de génie pour la réſoudre. Les Saints mêmes éclai-rez par la Révelation en ont été quelquefois ébranlez. *Peu s'en eſt fallu,* diſoit *Aſaph, que mes pas n'ayent gliſſé. Car j'ai porté envie aux inſenſez, étonné de leur proſperité; l'Orgueil les en-vironne; la Violence les couvre, leurs Richeſſes s'accumulent de jour en jour, c'eſt en vain que j'ai nettoyé mon cœur, & que j'ai lavé mes mains dans l'innocence, j'ai toujours été l'objet de l'oppreſſion.* Pour mettre donc la Sageſſe Infi-nie de Dieu d'accord avec elle-même,

même, il faut conclurre qu'un jour le Genre humain changera entiérement de face ; Dieu se doit à lui-même d'exercer sur ses ennemis *la Vengeance & la Rétribution ;* son amour pour l'ordre la demande. C'est une chose juste envers Dieu, (2. *Theff.* 1.) *de rendre affliction à ceux qui affligent* les innocens, *& de les punir d'une perdition éternelle,* quand *il viendra pour être glorifié en ses Saints, & être rendu admirable en tous ceux qui croyent en lui.* Ainsi le fort le plus affreux est inévitable pour ceux dont le bonheur est le plus accompli sur la Terre aux yeux des hommes corrompus ; Dieu s'oublieroit soi-même si le fracas de leur Chûte ne repondoit à l'excès de leur Elevation.

Tolluntur in altum, ut lapfu graviore ruant.

Celui qui fe moque du pauvre deshonore

honore le Créateur qui l'a formé, (*Prov.* 17.) *Auſſi celui qui ſe réjouït de la calamité des autres, ne demeurera point impuni.* C'eſt par ces réflexions qu'*Aſaph* diſſipe ſes troubles ; *Je ſuis entré,* dit-il, *dans le Sanctuaire du Dieu fort, & j'ai conſideré la fin de telles gens. Tu les as fait tomber dans des précipices, tu mettras en mépris leur reſſemblance quand tu te reveilleras.* Ce ne ſont point les châtimens temporels qu'Aſaph a uniquement en vûë ; car il dit un peu plus haut : *Il n'y a point d'étreintes en leur mort, leur force ſe ſoûtient juſqu'à la fin. Quand les autres ſont en travail, ils n'y ſont point, & ils ne ſont point battus avec le reſte des hommes,* c'eſt-à-dire, qu'ils ont deux tems, l'un d'une courte proſperité, l'autre d'un éternel accablement. *Un jour vient qui embraſera tous les orgueilleux, & tous ceux qui font mechanceté,* Malachie IV.

Les

Les Fables les plus imperti-
nentes, auxquelles les plus grof-
fiers des Payens s'étoient livrez,
n'avoient pû effacer le fentiment
de cette verité, & loin de l'effacer, c'étoit en la mêlant adroitement parmi leurs fictions que les
Poëtes venoient à bout de les faire recevoir, *le Faux* paffoit à la
faveur du Vrai. Il y avoit felon eux
un quartier affigné dans le Tar-
tare pour ces ames de boue, ces
ames venales qui, à force de mettre tout à prix, fe trouvoient
enfin capables de vendre leur Patrie même, & qu'il n'en man-
quoit plus que l'occafion.

Chapitre II.

Des Inftructions.

ON convient qu'après les *Mœurs*,
les premiers foins de l'Education doivent rouler fur la *Science*.
La plûpart des Pères n'ont même
d'au-

d'autre vûë que celle-là, quand ils donnent des Précepteurs à leurs Enfans ; ils se promettent que l'âge, & le jugement qui vient avec l'âge, l'usage du Monde enfin leur apprendront assez à vivre, sans les fatiguer trop tôt là-dessus ; mais pour ce qui est des Sciences, la plûpart des hommes se bornent à ce qu'ils en apprennent, pendant qu'ils sont sous la ferule.

Mais de peur de prendre une *Qu'il suffit de passer pour savant.* erreur pour principe de ses études, il faut d'abord remarquer que le Savoir n'est utile, & par consequent n'est estimable, que par la réputation qu'il procure ; & pour s'en convaincre, il ne faut que comparer le sort d'un homme qui passe pour savoir ce qu'il ignore, avec le sort de celui qui passe pour ignorer ce qu'il sait : Defendez avec zèle d'Anciennes Erreurs, sur une matière où vous ne voyez goutte, on vous honorera comme l'appui de l'Etat, & de la Religion. En-

fei-

feignez au contraire quelque Verité Nouvelle, & hazardez-vous
à répandre quelque lumière propre à diffiper de vieilles Tenèbres ; Vos preuves fuffent-elles
autant de demonftrations , vous
pafferez également, & pour un
ignorant , & pour un perturba-
teur. Un tems a été que pour fe
voir en place, il falloit foûtenir
les Formes Subftantielles, les quatre Elemens, le Syftème de *Pto-
lemée , mais Pores , Matière fubti-
le , Tournoyement de la Terre*, tout
cela paffoit pour des réveries , &
malheur à ceux qui , connoiffant
ces Veritez, n'avoient pas la force de s'en taire. De ce principe
d'expérience, & tout fondé fur
la nature du Cœur humain, il fuit
manifeftement qu'un Précepteur
doit fur tout faire apprendre le
Latin à fes Elèves. Un homme
qui ne parle que fa Langue, fût-
il le plus fenfé du Monde, on ne
le mettra jamais, qu'au niveau de
tous

tous les autres, on le confondra toûjours avec le commun, car les hommes ne favent point admirer ce qu'ils entendent. Mais exprimez-vous en *Latin,* citez de tems en tems quelque Auteur Grec, & cela dans fes propres termes; les plus préfomptueux feront obligez de baiffer pavillon devant vous, & de reconnoître votre Superiorité. Un homme parle, & je n'entends rien dans ce qu'il dit; c'eft donc un prodige d'érudition en comparaifon de moi.

Mais quand il feroit poffible qu'un homme, qui ne parleroit que la Langue de fon païs, fe fît quelque réputation, que de tems, & de peine ne lui couteroit-elle pas! Grande étenduë de Lumières, grande Netteté, grande Juf-teffe d'efprit, il ne lui faudroit rien de moins : mais parlez Latin avec facilité ; fans rien favoir, vous pourrez paffer pour un homme favant. Si dans ces Difputes,

 qui

qui font tant de bruit dans les E-
coles, on s'énonçoit dans le langage ordinaire, quelle honte pour
les tenans, qui en fortent couverts de gloire & des objets d'admiration! que de pauvretez dans
les Objections! que de galima-
tias, & que de criailleries fur des
riens! que de fades plaifanteries!
que de malhonnêtetez & que d'ordures quelquefois! mais le Latin
fauve tout; il eft permis d'être
incivil; il eft permis d'être pe-
dant, il eft quelquefois permis
d'être fans pudeur, pourvû que
ce foit dans cette Langue.

Quand des gens, pour s'oppo-
fer au torrent de la Coûtume, de-
manderont d'un air modefte, fi à
Rome il n'y avoit point de Fat, &
fi les Colporteurs, les Manœu-
vres, & ceux qui exerçoient les
métiers les plus vils, ne parloient
pas Latin avec autant, & plus de
facilité que nos Docteurs; c'eft-là
une objection à laquelle il faut
d'a-

d'abord répliquer avec de grands éclats de rire, & après avoir par là rendu confus ceux qui se feront hazardez de la proposer, il faut ajoûter gravement, que quand un homme sauroit parfaitement la *Geographie*, l'*Histoire*, la *Geometrie*, l'*Astronomie*, la *Physique*, la *Medecine*, le *Droit*, la *Théologie* même, s'il ne savoit pas le Latin il ne vaudroit pas un fétu; il ne mériteroit de passer que pour un franc ignorant, & ne passeroit en effet que pour tel chez des Nations entieres. On ne sauroit s'imaginer combien ce peu de mots prononcez avec gravité par une personne en place, est capable de faire d'effet. Quand un homme répond de cette manière, le plus sage parti qu'on puisse prendre c'est de lui donner gain de cause.

Mais, me dira-t-on, parlons une fois sérieusement : N'y a-t-il pas dans le monde un bon nom-

 bre

bre de gens fenfez , qui ne fe payent pas uniquement de mots, mais qui font attention aux chofes ; qui diftinguent l'apparence d'avec la réalité , & ne confondent point un Sot qui parle Latin avec un habile homme qui l'ignore ? Hé bien , pour vous convaincre que je parle très-ferieufement, je conviens de tout ce que vous dites ; Mais convenez auffi avec moi , que ces gens fenfez ne font pas toujours ceux qui décident de la Fortune des autres ; fouvent même , quand ils en auroient le pouvoir , ils fe verroient obligez, par leur *Interêt* , & par confequent par leur *Devoir*, à fuivre le torrent , & à s'accommoder aux Préjugez de la Multitude. La Route la plus fûre pour s'attirer grand nombre de fuffrages n'eft pas celle de les mériter.

Une autre raifon des plus fortes qui doit engager tout *fage* Précepteur , c'eft-à-dire, tout Précepteur

cepteur attentif à fes *Interéts*, à
faire du Latin la matière capitale
de fes inftructions, c'eft que rien
n'eft plus commode pour lui. On
dicte un long Thème à un Enfant,
il employe deux ou trois heures
pour le mettre en Latin, voilà
du bon tems pour le Maître, &
cependant le Difciple ne fe fatigue pas, & ne fe plaint point de
la longueur de fa tâche; fur tout
fi on a la prudence de ne le gron-
der point pour les fautes dont il
la remplit, car il compofe, tout
à fon aife, deux lignes; fe repo-
fe; en fait deux ou trois autres,
puis badine; il retourne encore à
fon Thème; mange quelque fruit;
va caufer avec un domeftique; revient; jouë; fe bat avec fon ca-
marade, & enfin arrive par ces
intervalles jufques au dernier mot.
Lorfque par hazard il rencontre
dans quelques lignes, on va crier
miracle au Père, les endroits où
il a extravagué font rire, le nom-

 bre

bre des corrections sert de preuve à l'attention du Précepteur, & quand tout le Thème est mis au net, le Père le regarde comme l'unique effet de la main qui l'a décrit, & en voyant passer ainsi son Enfant par où il a passé lui-même, il se sent renaître, & rajeunir avec plaisir dans cette chère Image. Mais si un Précepteur s'amuse à former le sens à son élève, qu'avance-t-il? Est-ce que le Père ne sait pas que son Fils ne manquera pas de lui ressembler, & par conséquent de parvenir avec le tems à raisonner aussi bien que lui, sans que le Précepteur s'en mêle?

Puis qu'il est très-utile de savoir le Latin, ou de passer pour le savoir, il faut en faire apprendre les Règles aux Enfans en Latin même; ce qu'il est à propos de remarquer contre les Méthodes Nouvelles; car l'Experience fait voir que de dix Ecoliers, qui ont

ont fait leurs Claſſes, il y en a au moins ſept, qui ne ſavent de Latin que ce qui eſt renfermé dans les Règles qu'ils ont appriſes par cœur, & qu'ils ont mille fois repetées.

De plus en s'accoûtumant à mettre ainſi dans leur mémoire ce qu'ils n'entendent point, ils s'accoûtumeront à la *Docilité*, excellente habitude pour les Maîtres ; Ils ſe formeront encore à eſtimer ce en quoi ils ne voyent goute, & dès là il ne ſera pas à craindre qu'ils deviennent raiſonneurs, ils s'en tiendront à ce qu'ils trouveront établi, ſans s'informer pourquoi, & par là ils feront mieux diſpoſez à apprendre la Religion, ce qui, après le Latin, doit, ſuivant la Coûtume, faire la principale occupation des Précepteurs.

Je ſuppoſe qu'un Précepteur n'eſt pas aſſez étourdi pour enſeigner à ſon Diſciple une autre Religion

Methode d'enſeigner la Religion.

G 4   ligion

ligion que celle qu'il croit veritable ; puis donc qu'il fait qu'elle eſt bonne ; & que par conſéquent il ne trompera pas ſon Elève, en la lui inculquant , il doit inceſſamment la lui inculquer, & la Methode la plus abregée & la plus ſûre, pour l'en bien perſuader, ſera ſans doute la meilleure. Or la voye la plus abrégée auſſi bien que la plus ſûre, c'eſt ſans contredit celle de l'Autorité. Il eſt dangereux de laiſſer raiſonner un Enfant ſur les matières de Religion, & de peur qu'il ne lui en prenne envie, il eſt bon de ne pas le lui permettre ſur d'autres. La Raiſon ſe trouve déja aſſez développée, dans les jeunes gens, pour leur faire ſentir la force des difficultez, mais elle ne l'eſt point encore aſſez pour leur faire comprendre la force des réponſes, qui ſouvent ſont obſcures par là même qu'elles ſont profondes, & ſe trouvent preſque toujours renfer-

mées

mées dans des diſtinctions ſubtiles, qui, pour être reſpectables par la pieté, & la gravité de leurs Auteurs ne laiſſent pas d'être difficiles à entendre.

Tout ce donc qu'on leur propoſe dans ce premier âge, il faut le leur propoſer d'un air & d'un ton d'Oracle. Non ſeulement toute Objection, mais toute Queſtion, tout deſir d'éclairciſſement doit être rejetté avec une extrême impatience, & doit être regardé comme une affreuſe matière de ſcandale; Quand ils s'aviſent d'objecter & de queſtionner, il faut les rabrouër, plus que ſur une menterie, & beaucoup plus que ſur un jurement, il faut leur faire ſentir qu'on tremble pour leur ſalut, & que toutes ces vivacitez ſont des ſuggeſtions du Diable, qui ſe transforme en Ange de Lumière, qui aime toujours à inſpirer, comme à nos premiers Parens, le deſir de la Science, &

 l'en=

l'envie de glofer fur le fens de la Révelation. Lors qu'il eft fort aifé de refoudre l'Objection qu'ils propofent, & de leur donner l'éclairciffement qu'ils demandent, on doit bien le faire ; mais on doit le faire d'un air fi chagrin & fi méprifant, qu'ils en perdent l'envie d'y revenir, *Voilà*, leur dira-t-on, *votre belle difficulté, qui eft un rien, il valoit bien la peine de la faire.*

A mefure qu'ils fe gueriront de cette impertinente fantaifie de queftionner, on leur donnera des marques d'affection & de confiance, on les regardera comme des *Vaiffeaux d'Election*, on les comptera en fûreté, & quand ce feu éteint aura fait place à une foûmiffion fans referve, on leur témoignera des effufions d'eftime ; on fe répandra en éloges, & en largeffes. *Voilà de jeunes Rejettons fur qui la haute Eglife peut compter*, leur Chriftianifme fera toujours

jours le pur Chriſtianiſme *établi ſuivant les Loix.* Ils fronderont un jour les Héretiques, les Fanatiques, les Schiſmatiques, dont on fera toujours de longues *Kyrielles,* embellies des Epithetes les plus fletriſſantes, prononcées du ton qui leur convient. Par là leur ſoûmiſſion aveugle ne ſera pas une ſimple ſoûmiſſion ſtupide & léthargique, uniquement renfermée dans les bornes du ſilence, & de la credulité ; Ce ſera un aveuglement actif, impetueux, & d'un zèle à tout renverſer pour parvenir à ſes fins.

Et tout cela, comme il eſt aiſé de le voir, n'eſt point difficile à executer ; il ne faut qu'aider un peu la Nature, elle mène là tout droit ; L'Eſprit de l'Homme eſt pareſſeux, & en particulier ce n'eſt pas ſur les matières de Religion qu'il aime le plus à méditer ; Quelle ſatisfaction donc que de ne la point approfondir, & de pou-

voir

voir s'en faire un merite, de n'y reflêchir que peu, & de s'en tenir à des formules dont la memoire se charge une fois pour toûjours! L'Homme se plait encore naturellement à haïr, & à traverser les autres, son orgueil ne peut souffrir qu'un autre se croye plus éclairé qu'il n'est, & pense autrement qu'il ne pense : Quelle satisfaction de se persuader que Dieu lui tient compte de sa haine, & de ses emportemens! Voilà les heureux principes dont se font pénetrez dès leur enfance les SACHEV. les ATTERB. Tout homme dont le temperament fougueux auroit été moins secondé par les fiers préceptes de quelques Maîtres, autant imperieux qu'impatiens, se seroit fait une fausse honte, & auroit cru follement deshonorer la dignité de son Caractère, en marchant à la tête d'une multitude effrenée, & ignorante; d'être l'objet

de

de ſes acclamations , & de ſe prêter aux noirs projets de ceux là-même qui le regardoient comme un fou, & le diſoient publiquement. On ſe ſeroit fait encore plus de peine d'aller, de rang en rang, ſolliciter des mutins à la ſédition, & les encourager à fauſſer leurs ſermens ; C'eſt donc dans une telle Ecole que ſe forment ces *Héros* de *Vertu* dont l'*Utile* règle le *Devoir*, & qui ne rougiſſent que du dépit de s'y être mépris.

Ne perdons pas ſi-tôt de vûë ces Illuſtres Exemples ; ils ſont trop propres à faire admirer les heureux effets d'une excellente Education. Un Orateur célèbre, ſe voyant un jour extraordinairement applaudi par la multitude, craignit qu'il ne lui eût échappé quelque ſottiſe. Cet Orateur raiſonnoit : Mais avec quelle application ne faut-il pas avoir travaillé à ſe faire une habitude de fer-

mer

mer les yeux à la Raison, pour trouver fa Gloire là où tout Homme de bon fens croiroit trouver fa honte éternelle ; je veux dire, dans les acclamations d'une troupe d'Ivrognes, & de Seditieux, fifflez encore, & attroupez par de plus mal-intentionnez. Que ce fpectacle eft beau! qu'il eft digne d'un Succeffeur des Apôtres, d'un Miniftre de Jefus-Chrift, c'eft-à-dire, d'un Miniftre de l'Humilité, de la Douceur, de la Moderation! Mais un zèle aveugle fait difparoître toutes ces reflexions qui arrêteroient un Raifonneur, & avec ce zèle on franchit tout fcrupule & on s'avance à grands pas vers l'Utile.

Des Troupes Chrétiennes, après avoir fidélement fervi les Puiffances, aux ordres de qui leur propre Souverain les avoit foûmifes, après avoir heureufement effuyé toutes les fatigues de la faifon la plus

plus cruelle, fouhaittent avant
leur retour d'en rendre graces à
Dieu, & elles fe difpofent à s'af-
fembler dans un Temple pour y
faire leurs dévotions. Ces Chrétiens adorent le même Créateur,
que le Prélat qui compte cette
maifon de Dieu fous fa jurisdic-
tion; ils l'invoquent par le même
Jéfus-Chrift, & fur tous les Articles de la Religion Reformée, ils
penfent comme lui; feulement,
fe bornant à un très-profond refpect pour tous les Pafteurs de l'É-
glife, ils ne le portent pas ce refpect prefque jufqu'à l'adoration,
& ces bonnes gens n'ont jamais
été informez de certaines contef-
tations fubtiles, fur le Rituel &
fur le Gouvernement Ecclefiaftique. En voilà affez pour croire
un Temple profané par leurs Prie-
res; ces Chrétiens ne font pas
dignes d'adorer Dieu. La Raifon
ne mène point-là; mais on y
vient aifément dès qu'on s'eft fait

dès

dès l'enfance une habitude de ne la point écouter, & qu'on a donné avec tout l'empreſſement d'un ſaint zèle, dans toutes les Maximes du parti où le hazard a voulu qu'on ſe ſoit d'abord trouvé. Ces Eccléſiaſtiques-là ſont tout-à-fait heureux; Ils s'admirent eux-mêmes; Ils reçoivent les applaudiſſemens des gens de leur faction, les ſeuls qu'ils daignent regarder comme des hommes; ils vivent contents, & n'ont point à craindre les jugemens éclairez, autant que desintereſſez, de la Poſterité; Non; ceux qui vivront après nous ne croiront jamais, que, dans un Siécle autant éclairé que le nôtre, il y ait eu des gens en place, qui ayent porté ſi loin le travers d'eſprit; & les faits que je rapporte, quoiqu'ils ſoient de notoriété publique au grand ſcandale de tous ceux qui raiſonnent, paſſeront dans les ſiécles avenir pour des faits ſuppoſez.

La

La voye de l'Examen infpire de tout autres Maximes, & l'amour-propre y trouve quelquefois fon compte, ce n'eft que par la flatteufe illufion de poffeder une fageffe conforme à celle que l'Apôtre décrit dans ces paroles, fans doute mal interpretées, *Eprouvez toutes chofes, retenez ce qui eft bon.* Mais pour fe convaincre pleinement que la voye de l'Examen n'eft pas la bonne route, il n'y a qu'à rappeler notre grand Principe, & à reflechir que ce n'eft pas ordinairement la Route de *l'Utile*. Un homme, qui ne s'eft convaincu qu'après avoir profondément examiné, a compris, par fa propre experience, que ce n'eft pas-là une entreprife d'une execution infiniment aifée : Voilà pourquoi s'il apperçoit quelques perfonnes qui n'y réüffiffent pas en tout, mais qui, par-ci, par-là, tombent dans quelques méprifes, il en a veritablement pitié,

tié, & il juge que la Voye de la Douceur, & de la Tranquillité est la plus propre pour les tirer de leurs erreurs, & pour faire passer dans leur Esprit des Lumières qu'ils souhaittent, mais qu'ils n'ont sû se procurer; & dont même ils ne se détournent que parce qu'ils ne les savent pas voir. Mais celui, à qui toute sa Croyance ne coute que quelques minces efforts de Memoire, regarde comme des enragez tous ceux qui refusent de se donner une peine si legère. Or il est toûjours dangereux de marquer d'autres sentimens d'aversion pour ceux qui ne pensent pas en tout conformément à la Religion établie suivant les Loix; La plûpart des hommes ont assez de peine à aimer ceux-là même qui pensent comme eux, sur toute sorte de sujets. A ce motif il faut qu'il s'en joigne quelque autre pour former entre eux de la liaison.

Pour

Pour l'ordinaire les hommes ne s'aiment qu'autant qu'un *Esprit de Parti* les unit ; voilà pourquoi dès qu'un homme ne regarde pas de travers un errant, & ne le charge pas d'Epithetes odieuses, on s'imagine qu'il l'approuve, on ne doute point qu'il ne soit du même sentiment, & que ce ne soit là l'unique raison pour laquelle il le favorise. Or qu'on ne s'y trompe pas ; un soupçon de cette nature, est une tâche qui ne s'efface jamais ; Celui qui a une fois été soupçonné le sera toujours : En vain pour rétablir une réputation delabrée, vous essayerez de le prendre sur un tout autre ton ; vous vous familiariserez avec les Persecuteurs & vous prendrez en main le Glaive Temporel, & Spirituel ; tout ce que vous gagnerez par là c'est que pendant que les uns se défieront de vous comme d'un Faux Frère, les autres vous condamneront comme un

 Pré-

Prévaricateur, ou vous mépriseront comme un Hypocrite ; de forte c'eſt un avis à donner, *A moins que quelque grand Interêt ne dédommage de l'atteinte qu'on porte à ſon honneur, ce n'eſt pas la peine de paſſer de la Moderation à l'Intolerance ;* Heureux ceux qui, pour avoir été élevez dans les bons principes, ne ſe voyent jamais dans la néceſſité de franchir ce pas ! Un Précepteur ne ſauroit donc rien faire de mieux, pour l'interêt même de ſes Eléves, autant que pour l'interêt public, que de leur inſpirer de bonne heure cet *amour d'inſtinct*, pour la *Religion* qui ſe trouve *établie par les Loix*. On doit les former de bonne heure à regarder les éclairciſſemens avec indifference , les objections avec mépris ; les ſcrupules avec horreur ; On doit faire naître dans ces jeunes cœurs une ſage averſion pour l'Examen, & un ſaint éloignement pour la Raiſon ;

son ; & rien n'est plus facile dans ce premier âge, où a peine commence-t-elle à ramper, que de lui empêcher de prendre l'essor, en le lui faisant craindre, & en lui criant d'un ton épouvanté, *A Terre, à Terre, Miserable Raison.* Il faut bien leur faire comprendre que tout le parti qu'on en peut tirer, c'est de s'en servir à connoître que le meilleur est de ne s'en point servir ; *L'homme qui fait le meilleur usage de sa Raison, c'est celui qui en raisonnant conclud qu'il ne faut point raisonner.* Le plus sage c'est celui qui a le mieux renoncé à sa Raison, & quiconque a la fantaisie de se rendre attentif à ses lumières, de la consulter, & de regler sur ses réponses ses sentimens, & sa conduite, mérite qu'on lui refuse la définition commune aux autres hommes, *d'Animal Raisonnable* pour le reduire à se contenter

H 3

du

du ridicule sobriquet de *Rationa-
liste*.

Il se trouvera sans doute quelques Protestans qui ne goûteront
pas tout-à-fait les principes que
j'établis, & encore moins les con-
séquences que j'en tire, & qui les
trouveront trop conformes aux
Maximes de l'Eglise Romaine.
Mais je leur demande s'ils n'auroient pas eu tort de se separer
de cette Eglise, au cas qu'elle ne
fût tombée dans aucune erreur.
Comme donc on a sujet de se fe-
liciter d'en être dehors, dans la
supposition qu'on s'y trompe très-
dangereusement, & que l'Esprit
d'Examen qui a donné lieu à cette
separation, a été pour lors, un
heureux Esprit qui a produit un
excellent effet, il est évident par
la Loi des Contraires qu'un Pro-
testant auroit tort de se separer
de son Eglise, & que l'esprit
d'Examen, qui pourroit peut-

être

être donner lieu à quelque separation, comme il est arrivé aux *Non-Conformistes* & aux *Arminiens*, est un Esprit dangereux. Que ceux qui se trompent examinent; ils y sont obligez pour se tirer d'erreur. Mais à quoi bon prescrire l'Examen à ceux qui sont déja dans la Verité? Il est juste que le bonheur de leur naissance les dispense de cette peine dangereuse. *Luther* a heureusement dissipé les tenèbres, dont l'Eglise étoit enveloppée; Une grande partie de l'*Allemagne* a connu la Verité par ses soins; pourquoi un *Lutherien*, qui est né dans la lumière, se fatigueroit-il à examiner les nouvelles prétensions des *Calvinistes?*

Il y en a qui permettent l'Examen & qui même le recommandent, à condition pourtant qu'on n'en abusera pas. Cette clause est superfluë, car à qui est-il jamais venu dans l'esprit d'autoriser l'a-

 bus?

bus? Mais ils s'expliquent, & ils ajoûtent, que si on examine ce qui est établi par les Loix, cet Examen devra se faire avec assez de sagesse & de précaution, pour ne donner jamais dans aucune idée contraire. On examinera donc à condition de sentir dans les objections toute la foiblesse que les Loix ordonnent d'y sentir, & dans les Preuves toute la force que ces mêmes Loix veulent que l'on y trouve. Mais on n'appercevra jamais, ni dans les Objections une force, ni dans les Preuves une foiblesse, que les Loix n'y reconnoissent pas.

Je n'aime point ces mitigez qui semblent donner généreusement, & cependant ne donnent rien, parce qu'ils ont l'adresse de reprendre toûjours d'une main ce qu'ils ont accordé de l'autre. Que ne parle-t-on tout net & que ne dit-on comme moi, *Il faut croire à yeux fermez*, au lieu de dire,

il

il faut aller à la decouverte ; mais
il faut detourner fa vûë de tout
ce qui s'offrira de nouveau ; Il
faut examiner, mais pourvû que
l'examen ne roule que fur des
matières inconteftables, & quant
à celles, où l'on entrevoit de
l'embarras, & fur lefquelles on
n'a pas encore pris un parti ine-
branlable, il en faut differer l'examen, jufques à ce qu'il foit fu-
perflu de. les examiner.

Je voudrois que ceux qui fe ha-
zardent de donner, en examinant,
dans des fentimens qui ne font pas
autorifez par les Loix, refléchif-
fent fur les rifques auxquelles ils
s'expofent. Le favant Mr. *Dodwel*
a eu la Charité de les leur mettre
devant les yeux, & fon zèle chari-
table, en vûë d'effrayer les Nova-
teurs, l'a fait paffer par deffus le fcrupule de propofer quelque chofe de
fort nouveau. Si donc, (comme ce
favant homme le pofe en fait) il
n'y a d'Ame Immortèle que celle

des hommes baptifez par des Evêques, ou par des Prêtres ordon-
nez, fuivant les Loix, par des
Evêques, à quoi, je vous prie, ne
s'expofent pas les *Non-Conformiftes?* & quand le zèle auroit porté
trop loin les Idées du favant *Dodwel,* la Prudence ne veut-elle pas
qu'on prenne le parti le plus fûr?
Les *Non-Conformiftes* n'attachent
point l'Immortalité à de certaines
cérémonies ; on peut donc, de
leur propre aveu, être Immortel
fans avoir été baptifé par eux.
Suivant *Dodwel* on ne le fera pas
fans avoir été baptifé, (ou con-
firmé, du moins je m'imagine) par
les *Conformiftes.* Pour ne rien rif-
quer qu'on foit *Dodwelifte.*

J'avouë fans détour, car je fuis
incapable de déguifement, que
l'opinion de Mr. *Dodwel* paroit
d'abord le comble de l'extrava-
gance, & que des gens qui paffent
pour fenfez, la regardent comme
la preuve la plus éclatante qu'on

ait

ait jamais vûë, des extremitez où jette l'Esprit de parti; mais c'est peut-être là un préjugé qui tire sa naissance, & de la nouveauté de l'opinion, & de la foiblesse des preuves par lesquelles on s'est efforcé de la soûtenir.

En voici une nouvelle, meilleure sans contredit qu'aucune de celles qu'on a alleguées, & si elle ne persuade pas, il est inutile d'en chercher d'autres, car elle est démonstrative, puis qu'à la manière des Demonstrations Mathematiques, elle roule sur des proportions. Un homme qui s'avise d'examiner ce qui est établi par les Loix Ecclesiastiques, & qui, ensuite de cet examen, se persuade qu'il y a quelque chose à redire, & à corriger dans ces sentimens; Un tel homme sort visiblement de sa sphere, & son orgueil franchit les bornes prescrites à l'Esprit humain. Comme donc il a voulu s'élever au-dessus de l'Homme, il memérite d'être rangé au deſſous ; la peine eſt par là proportionnée à la faute ; ſon vol audacieux le rend donc digne d'être reduit à la condition des Animaux brutes, & de perdre ſon Immortalité, à moins que Dieu, par une eſpèce de Miracle, ne trouve à propos de continuer à ces Ames indignes l'Immortalité, pour donner à ſes Miniſtres la douce conſolation de voir griller éternellement ceux qui auront porté l'inſolence d'une curioſité témeraire, juſqu'à prétendre voir clair dans leurs obſcures déciſions.

Tout ce que je viens de dire fait voir qu'on ne ſauroit uſer de trop de precautions dans un ſujet de cette importance. Il faut donc bien ſe donner garde d'imaginer, comme font quelques‑uns, une prétenduë difference entre l'Eſſentiel, & ce qui ne l'eſt pas ; car les choſes qui ſont de leur nature les plus indifferentes, comme un Habit,

bit, une Chemise, une manière de Collet, une Forme de Chapeau ; de longs ou de courts Cheveux, un Geste, une Grimace, pour ainsi dire, & un mot suranné ; tout cela, dès que les Loix ont décidé, ou qu'une longue pratique, égale en force aux Loix, l'a autorisé, devient essentiel, par sa liaison avec ce qui, en soi-même, est essentiel. Laissez à l'Esprit humain qui ne sait jamais s'arrêter, la liberté d'examiner un point ; il passera à l'examen d'un autre, & prenant par son travail autant de force que de courage, rien ne lui échappera, rien ne lui sera sacré, & il n'y a rien sur quoi il ne veuille ouvrir les yeux.

Il y en a qui voudroient qu'on commençât d'instruire les Enfans en matiere de Religion, par les Articles qui font le plus à leur portée, & qu'on les amenât aux points plus composez, & plus
dif-

difficiles à entendre, à mesure qu'ils en feroient capables. On les inftruiroit d'abord des Faits Hiftoriques, on leur expliqueroit enfuite les Commandemens, & les devoirs de la Priere ; & fur chacun de ces Articles, au lieu de fe contenter d'exiger d'eux un recit hardi de quelques Réponfes, ouvrage de la feule Memoire, ils voudroient que l'on fit agir plûtôt leur jugement, & que les queftions qu'on leur propoferoit ferviffent à exciter leurs forces naturelles, & à tirer du fonds de leur efprit, attentif & éclairé par des inftructions précedentes, des lumières qui fembleroient s'y prefenter d'elles-mêmes : Ils croyent qu'on s'affectionne beaucoup plus aux Véritez, quand on a le plaifir de les trouver foi-même, & qu'elles s'emparent tout autrement d'un Cœur où elles ont pris naiffance ; au lieu que bien fouvent elles reftent dans la Memoire fans

ja-

jamais aller plus avant. Quoique
j'eftime, & que j'honore parfaitement d'habiles gens, qui font
dans ces penfées, on voit pourtant bien que je ne faurois adop-
ter leur Methode, fans me contredire; car, ne leur en deplaife,
j'ofe, avec quelques autres, l'ap-
peller dangereufe, puis qu'elle
accoûtume à voir, & qu'un Efprit élevé dans cette feduifante
douceur, veut toûjours voir, &
toûjours entendre; au lieu qu'en
commençant d'abord par le plus
profond, & par le plus obfcur,
les Efprits s'accoûtument de bonne heure à la foumiffion & à la dependance, & s'en font une habitude irrevocable.

Je ne me laifferai pas non plus
éblouïr par une autre Idée, toute
fpecieufe qu'elle foit. Il y a des
gens qui fouhaitteroient que les
premiers Elemens de la Religion,
le premier Syftème dont on charge la memoire des Enfans, fût
uni-

uniquement conçu dans les termes de l'Ecriture. Mais cette Methode a ſes Inconveniens, car, comme les expreſſions de l'Ecriture ne ſont pas toûjours exactement déterminées, qu'elles ſont quelquefois un peu vagues, & ſuſceptibles de plus d'un ſens, ſur tout quand on les détache de leur place, les jeunes Gens pourroient ſe hazarder d'en déterminer le ſens, ou de le laiſſer ſuſpendu, juſques à ce qu'ils euſſent acquis plus d'habileté, ce qui eſt toûjours dangereux; au lieu que, ſi on fait préceder les paſſages d'une explication, & comme d'une paraphraſe, qui en détermine le ſens ſuivant les Loix établies, & ſuivant l'Eſprit, & l'intention de l'Egliſe, ce ſens, qui ne manquera jamais de ſe preſenter le premier, & même le ſeul, à des Eſprits ainſi préparez, leur paroitra toute leur vie le plus naturel, & ils s'y attacheront invariablement.

Un

Un parfait dévouëment à l'E-
glife établie fuivant les Loix ne
fauroit manquer d'être fuivi d'un
profond refpect pour les Miniftres; Mais comme les fentimens
font partagez fur ce fujet, je vais
m'appliquer à l'éclaircir, & à ne
laiffer là-deffus aucune équivoque,
afin que les Précepteurs ne fe me-
prennent point dans les fentimens
qu'ils doivent infpirer à leurs E-
lèves.

Refpect aveugle pour les Ecclefiaftiques.

Voici le plan que quelques-uns
fe forment des fentimens refpec-
tueux qu'on doit aux Miniftres
de l'Eglife; ils fondent la neceffité, & la juftice de ces fentimens fur le befoin preffant que
les hommes en ont, fur le prix
infini des avantages qu'ils en ti-
rent, & enfin fur ce qu'il coûte
d'efforts & de facrifices, pour fe
mettre en état de leur procurer
ce qu'ils attendent, & qu'ils font
en droit de fe promettre d'une fi
fainte profeffion.

I

Nous

Nous naiſſons dans l'ignorance, nous ſommes élévez dans des ténèbres, dans des erreurs, & dans des préjugez. Dès que nous commençons à faire quelque uſage de nos yeux, & de nos oreilles, nous ſommes ſeduits par mille exemples funeſtes, & par mille diſcours empoiſonnez. En proye à des fantaiſies & à des paſſions, qui ſe combattent, & qui nous tyranniſent tour à tour, nous paſſons une courte vie dans de vains projets, dans de longs repentirs, dans de pénibles efforts, dans de minces ſatisfaĉtions ; dans des joyes ſuperficielles, & dans de vives amertumes ; On la paſſe dans l'impatience, & dans le murmure, dans l'injuſtice, & dans l'ingratitude, tantôt dans l'infamie, & tantôt dans la cruauté ; pour terminer cette carriere incertaine, par une fin plus incertaine encore, & franchir, les yeux bandez, le pas redoutable qui dé-

cide

cide de notre Eternité.

Que n'avons-nous point à craindre de ces préjugez, & de ces paffions, que l'experience nous a fi fouvent fait connoître pour des guides trompeurs, & des confeillers perfides? Et que pouvons-nous efperer d'une miferable Raifon, que ces Prejugez aveugles, & ces Paffions infenfées ont feduit, & ont trouvé moyen de mettre dans leurs interêts. La Revelation nous offriroit un fecours affuré, mais par malheur, nous n'avons pour interprete de la Revelation que cette Raifon affoiblie, ou plûtôt que ces Prejugez & ces Paffions qui ont chaffé la droite Raifon de fon Trône, pour nous dominer en fa place. En vain nous voulons faire des efforts pour fecouër ce joug funefte; les neceffitez preffantes de la vie ne nous en laiffent pas le tems; Il faut que le Laboureur renverfe la Terre, il faut que l'Artifan joigne le travail de la nuit à celui du jour, pour se soûtenir avec sa famille. Il faut que le Magistrat veille à conserver l'ordre, & la tranquillité, qu'il écoute des plaintes, & termine des differens, qui se succedent sans interruption. Les uns & les autres peuvent-ils se reserver autant d'heures qu'il leur en faudroit pour s'éclairer ?

Mais ce travail, trop pénible & trop long pour l'entreprendre, & pour oser se promettre d'y reüssir, il y a des personnes charitables, & nées pour la felicité des Peuples, dont toute l'application tend à le rendre aisé ; c'est à quoi se devoüe un Ministre de l'Evangile. Occupé d'un si grand but, son premier soin est de s'éclairer fidelement soi-même ; Craignant, comme le plus grand des malheurs, de prêter ses Réveries à la Sagesse Eternelle, d'annoncer aux hommes, de la part de leur Souverain Maître, les égaremens
d'une

d'une Raison esclave de l'Opinion, & de l'Interêt, & de se
précipiter *en aveugle dans la fosse,
avec les aveugles qui le suivent*
pleins de confiance; il comprend
toute la necessité, où il se trouve,
de s'assurer parfaitement, avant
que d'ouvrir la bouche sur quoi
que ce soit. Pour cet effet il faut
d'abord qu'il apprenne de quelle
manière on peut faire un juste &
severe examen, car pour être en
état de faire cet examen il en faut
étudier toutes les Règles, il faut
se former à les manier, il faut de-
gager son bon Sens de toute prévention, il faut augmenter sa force, & l'étendre en l'exerçant
continuellement, & enfin il en
faut faire long-tems essai sur di-
vers sujets, avant que de le tourner sur le plus important de tous.
Il faut outre cela se munir de di-
vers secours necessaires, de la
connoissance des *Langues*, de celle de l'*Histoire*, & de quantité

            d'aud'autres que fourniſſent les Sciences Humaines.

Mais ſur tout, il eſt abſolument néceſſaire de ſe mettre au deſſus de tout ce qui jette les hommes dans l'illuſion, de tout ce qui fait tomber, ou qui entretient dans l'erreur: Un homme qui ſe deſtine à éclairer les autres, à les ramener de leurs préventions, & à faire ſucceder dans leurs eſprits, à des Opinions ſans fondement, une Lumière qui les tranquilliſe dès cette vie, & les mette dans les Routes ſûres de l'Eternelle Felicité, doit lui-même ſe dégager de tout, il ne doit tenir à quoi que ce ſoit qu'à la Verité; il n'y a rien qu'il ne doive être prêt de ſacrifier à ſon acquiſition; Sans Pere, ſans Mere, ſans Patrie, ſans Credit, ſans Honneur, ſans Revenus, il ne doit être ſenſible qu'au bonheur de ne ſe tromper point; tout autre Interêt doit s'évanouïr à ſes yeux; il ne doit
voir

voir que Dieu, dont il tient sa commission, & des Hommes malheureux & aveugles au rétablissement desquels il doit s'employer.

Après s'être éclairé lui-même de cette Verité, l'unique objet de son ardeur, de cette Verité, qui certainement ne se dérobe point à des yeux qui la cherchent dans ces dispositions, & ne sauroit leur échapper; Après s'être rempli de son éclat, il faut qu'il s'occupe des moyens de la faire passer dans l'esprit des autres, dans toute sa pureté, & avec toute cette évidence qui en est le propre caractère. Le voilà donc engagé dans de nouvelles études; Il faut connoître les plis & les replis du cœur humain, & toutes les routes par où l'on s'y fait jour; il faut s'instruire des sources de ses meprises & de l'histoire de ses égaremens; Il faut savoir sonder ce cœur, afin

de

de proportionner ſes inſtruction
à ſa portée; Il faut ſavoir ſe ſaiſir
de ſon attention ; il faut trouver
le ſecret de lui plaire, dans le
tems même qu'on le corrige, &
de s'emparer de ſa confiance, dans
le tems même qu'on le contredit,
& que l'on combat ſes plus chères
inclinations. Il faut s'énoncer avec
netteté, quelquefois avec préci-
ſion, quelquefois avec étenduë,
& toûjours avec élegance; il faut
ſavoir s'énoncer avec ſimplicité,
& avec dignité, tantôt avec force, tantôt avec délicateſſe, &
toûjours dans les règles de la juſ-
teſſe, & de l'exactitude. Il faut
être le maître de ſon ſtile pour le
varier ſuivant les beſoins; tantôt
il faut calmer les paſſions, & tantôt il les faut émouvoir; tantôt il
faut établir la Verité dans une
Ame tranquille, & l'établir par
des preuves, dont la ſimplicité
ſoit infiniment éloignée de toute
apparence de ſurpriſe, & au deſſus

de

de tout foupçon ; tantôt il faut porter le trouble, & la terreur dans des cœurs rebelles aux Veritez dont on les a convaincus. A ces mouvemens qui terraffent, & que le cœur ne fent qu'avec impatience, il faut favoir faire fucceder les tendres fentimens, auxquels il fe livre avec joie, & le mettre en état de s'y livrer & de s'y abandonner, fans fe faire illufion. Que d'attention ! Que de vigilance ! Que de Méditations continuées ! Que de jours, & de nuits paffez dans des efforts pénibles pour une ame que la pureté de fon zèle n'affranchit pas de toute foibleffe, & n'élève pas au deffus des defirs, & des fentimens communs à la Nature humaine ! Que d'innocentes douceurs ! Que de paifibles amufemens facrifiez au defir de fe rendre utile aux autres, à la vûë de leurs befoins & à la refolution de contribuër à leur plus folide bon-

I 5   heur !

heur ; Mais ce ne font pas les feuls facrifices par où ces ames faintes, ces hommes admirables, dirai-je, ces riches préfens du Ciel, & dont certainement le *Monde* corrompu *n'eft pas digne*, fe rendent refpectables ; Avec tant de capacité pour le travail, s'ils avoient tourné leur vûë du côté du Monde, à quoi ne les auroit pas mené cette habileté exquife & infatigable?

Or à qui convient-il de reconnoître le prix de tant de facrifices? La reconnoiffance qu'ils exigent, & qu'ils ofent hautement exiger, c'eft de fervir à quelque chofe, c'eft d'être écoutez, & de voir le fruit de leurs foins. A cette reconnoiffance fi meritée, & fi juftement dûë, qui nous regarde bien plus qu'eux, il y en a encore deux autres à ajoûter, dont l'une ne peut leur être refufée fans cruauté, & l'autre fans dureté. Comme ils font nez, avec le

refte

reſte des hommes, dans l'imper-
feétion, & dans les foibleſſes at-
tachées à notre nature, ils demandent qu'on s'en ſouvienne,
afin que quand ils demeureront au
deſſous de leur projet, leur charité éprouve le retour d'un chari-
table ſupport. Une autre grace,
ou plûtôt une autre juſtice, qu'ils
ne demandent pas, mais ſur laquelle il faut être bien dur, pour
ne penſer pas à les prévenir, c'eſt
d'être affranchis de la triſte necef-
ſité de ſe diſtraire de leurs impor-
tantes occupations, par des ſoins
qui ne leur conviennent pas, &
de pouvoir paſſer leur vie dans
une certaine aiſance, qui les em-
pêchant de ſuccomber ſous les efforts de leurs méditations, les
mette en état de s'y ſoûtenir plus
long-tems, & de les pouſſer avec
plus de fruit. Doit-ce être une
idée importune que celle de ſe
defaiſir de quelques biens, qui
paſſent rapidement, pour procurer

rer des jours paifibles à des hommes choifis, qui fe confacrent
uniquement à decouvrir aux autres les Routes qui conduifent fû-
rement aux Biens Eternels, &
pour les mettre en état de répandre de jour en jour plus de lumière
fur ces Routes que nos Vices ont
couvert d'obfcuritez?

Voilà un plan des égards qu'on
doit avoir pour les Miniftres de
l'Eglife, & ce plan, comme on
l'aura fans doute remarqué, eft
établi fur deux principes, l'un
que l'*Honnête*, le *Beau*, l'Ordre,
la Proportion, ce qui convient,
ce qui fied bien, eft le *fondement
du Devoir;* l'autre que les chofes
font dans l'Eglife fur le pié où elles doivent être.

Mais changeons un peu ces aimables fuppofitions, afin de nous
accommoder au Tems, & aux
Maximes Nouvelles, pofons *l'U-
tile* pour le fondement du *Devoir,* & imaginons-nous que les
cho-

choses font , non comme elles devroient être , & comme elles font en effet dans quelques endroits de la Terre ; mais comme il fe pourroit qu'elles fuffent , & comme elles font en effet par ci, par-là.

Si *l'yvraye mêlée parmi le froment* marque les erreurs qui fe mêleroient parmi les veritez , cette Parabole nous avertit qu'il y aura des Miniftres de l'Eglife qui porteront les Peuples dans l'erreur ; & fi le mélange de ces grains marque fimplement le mélange des Méchans parmi les bons, ce mélange peut regarder ceux qui conduifent , auffi bien que ceux qui leur font foûmis. Sous l'Oeconomie Nouvelle il eft arrivé comme fous l'Ancienne, où Dieu fe plaint par Esaïe (ch. 56.) que toutes fes *Guettes font aveugles , qu'ils ne favent rien , qu'ils font des Chiens qui ronflent , des Pasteurs qui n'entendent rien , & qui fe détournent*

cha-

Matth
XIII.

chacun à sa voye, à son gain deshonnête. Le Prophete, & le Sacri-
ficateur se portent faussement; ils
s'acquittent de leur devoir à la lé-
gère, & disent paix, où il n'y a
point de paix (*Jer.*6.) St. PAUL
(1.*Tim.*4.) predit des *faux Docteurs, qui, abandonnans la foi,
enseigneront des mensonges par hy-
pocrisie;* & St. PIERRE avertit
(2.Ep.ch. 2.) que *comme il y a eu
parmi le Peuple Juif des faux Pro-
phetes, il y aura aussi parmi les
Chrétiens de faux Docteurs.* Du
tems même des Apôtres, il y en
avoit que l'affectation de paroître
savans, l'esprit de dispute, & de
subtilité avoit *detourné de la foi*
(1.*Tim.*6.) Il y avoit des *Diotre-
phes* qui avoient en vûë de pri-
mer; il y avoit des Sectes naissan-
tes, & ces Sectes avoient leurs
chefs. (1.*Cor.*1.) Il y en avoit
qui *préchoient Christ par envie, &
par contention* (*Phil.*1.) C'étoit
en vûë de reprimer ces desordres
que

que les Apôtres exhortent leurs
disciples à *garder le dépôt*, à *fuir
les disputes*, *à ne donner point dans
les fables*, *à ne s'égarer point en
conjectures sur ce que l'on ne connoit pas*, *à s'éloigner de toute contention*, *à renoncer à leurs propres
intérêts*, *à paître enfin le Troupeau
de Christ*, *dans un esprit de tendresse*, *éloigné de toute pensée d'a-
varice*, *& de toute vûë de domi-
nation*. (1. *Tim.* ch. 6. *Phil.* 2. *Col.* 2.
1. *Pier.* 5.)

Dans les Siècles où les Chrétiens se voyoient tous les jours en
butte à la persécution, le Trône
Episcopal avoit déja tant de brillant pour des ames ambitieuses,
qu'on se le disputoit presque à
coups de main. Peu de tems
après les persecutions des Payens
& sous un Empereur Arien, le
Prefet de *Rome* se vit obligé
d'employer son autorité pour arrêter la violence des brigues &
des factions. Il n'en vint pas à
bout.

bout. *Damase* & *Urfin* briguoient l'Epifcopat de *Rome* avec une fi grande ardeur, & leurs partifans s'animoient les uns contre les autres avec tant de rage, que d'un feul jour l'on tira d'une Eglife 170 cadavres. Le Gouverneur de Rome après avoir inutilement effayé de les adoucir ou de les reprimer, fe vit obligé de ceder à leur fureur. Une dignité, ajoûte l'Hiftorien, dont les revenus mettent en état de vivre avec tout le fafte des Rois, détermine aifément des ames ambitieufes à y monter par toute forte de routes. Ils feroient mieux, continuë-t-il, & ils pafferoient leur vie plus heureufement, fi à l'imitation de quelques Evêques des Provinces, ils s'attiroient par leur fobrieté, par leur fimplicité, & par leur modeftie, l'approbation de Dieu, & le refpect de fes veritables adorateurs. C'eft-ce qu'on lit dans *Ammien Marcellin* L. XXVII. En un mot

mot les hommes d'autrefois étoient
des *hommes sujets aux mêmes af-*
fections que nous.

On est venu à regarder un rang
distingué dans l'Eglise comme un
titre suffisant de science, & comme si la Chaire Evangelique étoit
un nouveau Trépied, d'où il s'ex-
halât des inspirations, on y mon-
toit hardiment sans s'être assûré,
par un examen sevère de la verité de ce qu'on avoit à y prononcer.

Quantité de gens se condui-
sent, comme s'ils pensoient très-
serieusement ce que *Gregoire* de
Nazianze répondit à *S. Jerôme*,
pour éluder une Question sur laquelle il n'étoit pas prêt. *Je vous*
y repondrai dans l'Eglise, où les
applaudissemens de la Multitude
vous forceront à tomber d'accord de
ce que je dirai, & à vous persua-
der que je vous aurai instruit,
quand même je ne vous aurai don-
né aucune lumière.

K   Le

Le mal ne fe borne pas-là, il remonte à fes Auteurs ; on fe laiffe éblouïr par ceux à qui l'on vient d'impofer ; on devient la dupe de fes dupes. D'abord une décifion hardiment prononcée tient lieu de preuve à des ignorans & à des pareffeux : Enfuite l'air fatisfait d'une populace, qui fe fait un pieux devoir d'admirer tout ce qu'elle n'entend pas, ne permet pas de douter qu'on ne l'ait perfuadée ; On ne fe flatte donc point quand on croit a voir réuffi ; mais par là même qu'on a réuffi on fe flatte qu'on raifon.

Enfin c'eft un fait de notoriet publique que dans une infinit d'endroits de la Chrétienté, o profite de l'ignorance des peuple pour les conferver dans la foûmif fion ; on conduit des aveugle comme l'on veut.

Or pour ce qui eft des Pafteur de ce caractere, *l'Utile* veut q

l'

l'on ait pour eux de tout autres
égards que pour ceux dont nous
avons d'abord fait le portrait. Des
gens qui portent l'illufion jufqu'à
fe croire vrais Miniftres du Seigneur, malgré leur ignorance,
leur ambition, leur avidité, &
leur faineantife, ne peuvent manquer de la pouffer l'illufion jufqu'à fanctifier tout ce que l'efprit
d'interêt, & tout ce que l'efprit
de vengeance leur fuggerera.

Accufez un Pafteur, qui a profondément médité un fujet, de
ne l'entendre pas ; ce foupçon
l'engagera à le méditer de nouveau, pour l'expofer dans une
plus grande évidence ; Accufez
de pareffeux, un Miniftre laborieux ; il verra que vous vous
trompez ; il aura pitié de vous,
comme il a pitié de ceux qui fe
trompent, & cette experience
même qu'il fera des jugemens té-
méraires, l'engagera à penfer plus
attentivement aux moyens d'en

 éloi-

éloigner les hommes, & de leur faire comprendre combien il eſt juſte, combien il eſt beau de ſuſpendre ſon jugement ſur ce qui n'eſt pas ſuffiſamment connu. En un mot de quelque indignation dont on ſe rende coupable envers des Théologiens de ce caractère, on ne s'expoſe gueres, & rarement éprouve-t-on quelques effets d'une indignation qu'ils ne ſe permettent point; On peut impunément les vexer; & ſans pitié pour leurs beſoins, ſans égard pour leurs lumières, ſans reſpect pour leur mérite, on peut hardiment les piller, ils s'en tairont, ou s'ils s'en plaignent ce ne ſera qu'à la derniere extremité.

Mais un homme qui malgré les ſeductions de ſon amour-propre, & malgré les illuſions dont il s'enveloppe, ne peut s'empêcher d'entrevoir qu'il y a du fondement dans les reproches qu'on lui fait, & de craindre que ceux qui

qui l'abbaiſſent ne ſoient écoutez , & qu'il n'ait bien de la
peine à ramener ceux qu'ils auront une fois perſuadez , entre
en fureur contre des gens qui le
viennent troubler dans la paiſible
ſatisfaction de paſſer pour ce
qu'il n'eſt pas , ou le réduire à la
neceſſité de devenir ce qu'il devroit être.

Des gens ainſi faits , & ainſi
placez , ont en main de quoi ſe
vanger , & de quoi le rendre
cruellement , au decuple, & au
centuple à ceux qui les oſent cha-
griner. Un homme qui de la part
de **Dieu** peut définir un autre
comme il lui plait, & prouver ſa
definition comme il le trouve à
propos , ſans que perſonne l'in-
terrompe, met aiſément les rieurs
de ſon côté, & il n'y a rien qu'on
ne ſe permette contre un homme qu'on oſe mépriſer au point
d'en rire publiquement. Dès que
l'Envie, naturellement attachée au

Mérite, voit une fois la Multitude effrenée dans son parti, elle n'a qu'à vouloir pour réüssir, & pour culbuter les plus honnêtes gens, & les plus accreditez. Socrate étoit regardé par le Peuple d'*Athenes* comme une Divinité, mais dès que son ennemi Aristophane eut trouvé le secret de faire rire tout ce Peuple aux dépens de *Socrate*, ce même Peuple, qui l'adoroit auparavant comme un demi-Dieu, le laissa périr, sans s'émouvoir, comme un miserable.

Le cœur corrompu de la plûpart des hommes supporte si impatiemment le joug de la Religion, dont il ignore les beautez; l'idée même de Dieu, témoin continuel, & juge inévitable de pensées, & des actions, est pour ce cœur humain depravé, une idée si importune, qu'il est charmé de croire que des gens, à qui il reconnoit de l'esprit & du savoi

favoir, mettent au rang des fables ces importunes leçons, & il
fuffit de les accufer, pour le per-
fuader que l'accufation eft vraye,
tant il fe fait de plaifir d'y ajoûter
foi. Mais en même tems ce cœur,
vrai labyrinthe, fonds de détours,
& de contradictions, s'applaudit
de rendre fervice à ce Dieu, qu'il
voudroit pouvoir ne pas croire,
& fe promet de reparer une infinité de mépris par lefquels il l'a
outragé, en fe dechainant fans
mifericorde, autant que fans con-
noiffance, contre ceux qu'il trouve à propos de charger, fans favoir pourquoi, du nom de fes ennemis. Ainfi il n'y a qu'à accufer
hardiment quand on eft revêtu de
quelque autorité ; la Multitude
fera toûjours prête à fe jetter fur
l'accufé, fans examiner ni la nature ni la vraifemblance de l'accufation.

Il n'y a donc point d'interêt qui
égale celui de bien ménager les

 Ec-

Ecclefiaftiques de cette humeur & de cette efpece. Les Princes les plus médiocres par leurs qualitez perfonnelles, les plus odieux même par leurs crimes affreux, ont trouvé moyen de fe faire celebrer prefque comme des Saints, en faifant du bien aux Ecclefiaftiques. La maniere dont *Conftantin* a vécû, a fait douter, qu'il ait été Chrétien, autrement que par politique, à ceux qui examinent les chofes en elles-mêmes. Mais il a introduit dans l'Eglife, les richeffes, & les immunitez; c'étoit affez pour engager les Ecclefiaftiques à faire de ce Prince, flétri des vices les plus noirs, l'objet de leurs plus pompeux éloges.

Un Précepteur ne fauroit donc travailler plus efficacement aux interêts de fon Elève qu'en le formant à une aveugle dépendance des Miniftres de la *Religion établie fuivant les Loix;* & qu'en lui infpiinspirant, de bonne heure, pour eux, une soumission, & une admiration à toute épreuve. Si l'on voit un Prédicateur qui n'étudie pas, il faut lui apprendre à dire qu'il est juste qu'il se repose, & qu'il jouisse du travail de sa jeunesse; A quoi bon étudieroit-il? Il sait déja tout ce qui merite d'être sû. Si un Prédicateur est court, & superficiel; il se fait violence pour s'accommoder à notre foiblesse: s'il est excessivement long, il se tuë par zèle pour nous faire vivre; si ses Sermons sont remplis de recherches affectées soit dans les choses, soit dans les mots, il se fait tout à tous afin d'en sauver quelques-uns, & les mets salutaires qu'il presente, il a soin de les envelopper de fleurs. S'il est rempant, grossier, barbare, c'est un Prédicateur Apostolique, qui prêche dans la simplicité des Anciens Tems; s'il est Monotone, il connoit la dif-

fe-

ference du Théatre d'avec la Chaire, où tout doit fe prononcer majeftueufement; s'il redit toûjours la même chofe, & de la même manière, on ne la fauroit trop favoir, & pourquoi changer quelque chofe dans ce qui eft une fois bien dit? S'il copie, il eft modefte, & ne préfume pas de pouvoir mieux faire qu'un autre; s'il tire de fa tête des riens, il veut meriter fes revenus, & n'a garde de manger le pain d'oifiveté. Sa féchereffe s'appellera folidité. Des mots vuides de fens feront des profondeurs refpectables, s'ils font barbares; & legereté de ftile s'ils font communs: La Confufion, un beau defordre, & ainfi de tout le refte.

En un mot, il n'y a point de Sermon qu'il ne faille écouter dans le même efprit qu'un Commentateur lit l'ouvrage fur lequel il va compofer, c'eft-à-dire dans une per-

perfuasion à toute épreuve, que
tout y fera admirable ; il faut fe
recrier fur les chofes les plus com-
munes, & les fautes les plus grof-
fieres doivent paffer pour les plus
grands coups de l'Art. Si l'Auteur fe contredit , il faut auffi
fe contredire , afin de le louër
toûjours, & comme l'Auteur, fur
lequel le Commentateur travaille
actuellement, eft toûjours le plus
parfait, il faut auffi que chaque
Sermon l'emporte fur tous ceux
qu'on a ouï, & foit le terme au
delà duquel il n'eft pas permis de
porter fes idées ; fauf d'en dire
tout autant de celui qui lui fuc-
cedera , qui que ce foit qui le
prononce ; à moins que la difpa-
rité des rangs n'engage à mettre
une difference proportionnée entre les difcours ; il faudroit être
fou, par exemple, pour trouver
un Sermon d'un fimple Prêtre
auffi beau que celui d'un Evêque;
& dans les Villes où il y a plufieurs

fieurs Pasteurs, il faut bien trouver excellens les Sermons du troifième, par exemple, à les regarder en eux-mêmes, mais il ne faut pas laiffer de les mettre fort au deffous de ceux du fecond, & il faut encore plus abbaiffer ceuxci au deffous de ceux du premier. Cette gradation de nos jugemens prouvera le bon ordre de nos penfées rangées conformément à la Hierarchie Ecclefiaftique; & notre Efprit deviendra, par cette conformité, une Image de l'Eglife; tout s'y trouvera placé fuivant l'Ordre qui regne entre ceux qui en font la Quinteffence.

Je fuis garant à tout homme qui, dans de pareilles circonftances, fe conduira de cette maniere, qu'il fe verra canonifé dès cette vie par la Multitude, & qu'après qu'il fera paffé de ce Monde à l'autre, avec toutes les confolations, toutes les affurances, & toutes les garenties imagina-

ginables, fon exemple fera pro-
pofé pour modele à ceux qui lui
furvivront, & même à la poſterité
la plus reculée.

Il n'eſt pas moins eſſentiel,
c'eſt-à-dire, il n'eſt pas moins in-
tereſſant, de ſavoir mettre les
Devotes dans ſon parti; c'eſt encore un moyen infaillible de ſe
rendre favorables les Prédicateurs
dont elles diſpoſent ordinairement. Il y a dans le monde des
Femmes qui font profeſſion de
Pieté & qui, par ce motif, ou
par un autre, ſe paſſent de jouër,
de coquetter, &c. mais qui bien
inſtruites ſur les funeſtes effets de
l'Oiſiveté, Mere feconde des vices,
employent diligemment leur tems
dans le penible exercice de diſtri-
buer la réputation, & de regler
par avance les rangs du Paradis:
& comme il faut en conter aux
precieuſes pour avoir ſes Lettres
de Bel Eſprit, il faut faire ſa
Cour aux Devotes pour avoir
droit

droit à l'éloge de Bon Chrétien. Soyez donc aſſidu à les honorer, mais du reſte, ſur tout ſi vous faites d'ailleurs quelque figure dans le monde, vivez au gré de vos deſirs ; Si quelqu'un oſe y trouver à dire, il éprouvera bientôt, ſans que vous vous en mêliez, à qui il s'en prend, & quels Avocats vous vous êtes préparez.

De l'air dévot.

Je n'ai plus qu'un avis à donner aux Précepteurs à l'égard des inſtructions ſur la Religion ; il paroîtra rouler ſur une bagatelle, mais il eſt de conſequence. Toutes les fois qu'un Précepteur parle de Religion, il doit avoir grand ſoin de compoſer ſon air, & de le prendre ſur un ton extraordinairement grave ; quand il iroit juſques au triſte, & au lugubre, ce n'en ſeroit que mieux. En effet la Religion regardant un avenir, où l'on ne peut arriver que par la Mort, c'eſt une preuve que l'on

l'on pense à ce que l'on dit, quand
on en parle d'un air mortifié. Je
connois des gens, qui se font si
bien convaincus de l'immortalité
de l'Ame, & de l'excellence infinie des biens que Dieu destine à
ceux qui l'aiment, qui par là se
font tellement familiarisez avec
l'idée de la Mort, que bien loin
d'en concevoir la moindre allar-
me, ils font voir par la serenité,
& la joye qui font peintes sur
leurs visages, toutes les fois qu'ils
en parlent, qu'ils la regardent
comme le passage d'un Labyrinthe
obscur dans le plus magnifique
des Palais. Quand ces gens-là font
sur des matières de Religion, ils
nagent dans leur Element, on
ne les voit jamais si satisfaits, leurs
expressions coulent de source, &
il n'est rien sur quoi leur stile soit
si leger & si naturel. Des dispositions si peu ordinaires paroissent
bizarres à la Multitude ignorante,
& à ceux qui, malgré leurs Dignitez,

tez, font auffi fots que la Multitude, & font foupçonner de peu
de Religion les perfonnes du
monde qui en ont le plus. L'avis
que je donne, fi on le fuit bien,
préviendra cet inconvenient.

Il ne faut pas beau-coup ap-prendre.

Du Latin & de la Religion on
paffera aux *Sciences*; Mais il faut
fe borner à donner de chaque
Science une teinture legere, & fu-
perficielle, pour trois importan-
tes raifons. Premierement on a
plûtôt fait, & un Précepteur paffe
dans l'efprit d'un Pere, auffi bien
que dans celui de fes enfans, pour
d'autant plus habile, qu'il a plûtôt amené fes Difciples, du premier Chapitre de fon Syftème au
dernier. En fecond lieu, il en
coute peu d'être maître, & on
n'a pas befoin de fe fatiguer à étudier beaucoup, quand on ne fe
propofe d'enfeigner que peu de
chofes. On fe delivre par là des
importunes queftions qu'un Difciple un peu avancé fait à tou

mo

moment, à mefure qu'il trouve de nouvelles difficultez, dans les détails, où il entre.

Mais une troifième raifon d'un tout autre poids encore que les précedentes, c'eft que dans le Monde on paffe ordinairement pour habile, à mefure que l'on fait moins. Un homme veritablement favant prend fouvent le parti du filence ; & voici pourquoi: D'un côté ce qu'il y a de fuperficiel dans les Sciences, lui paroît trop mince, pour fe refoudre à en amufer ceux qui fouhaitent de l'entendre ; d'un autre comprenant que les détails feroient trop fatiguans pour eux, il ne veut pas paroître acheter, par l'ennui de fes Auditeurs, le plaifir d'étaler fes Meditations. Outre cela plus l'on fait, plus on voudroit favoir ; les véritables Savans font les plus affamez d'apprendre; dans ce deffein ils écoutent tout le monde,

L

Sept

Sæpè etiam Olitor eſt valde op-
portuna loquutus ;

Ils ſavent tirer parti de ce que
leur dit un Artiſan, un Laboureur ; ils ſavent même tirer parti
de ce que dit un Sot, & ſouvent
il leur fournit matière aux plus u-
tiles reflexions ; ils connoîtroient
peu l'homme s'ils ſe bornoient à
ſe ſentir eux-mêmes, & à s'entretenir avec ceux qui leur reſ-
ſemblent en tout.

Enfin un homme qui aime le
Solide ; un homme qui aime à ſa
voir, & à s'aſſurer, a compris plus
d'une fois, en étudiant dans cett
vûë, qu'à cette Science certaine
qui ſeule mérite le nom de Scien
ce, & dont il fait l'objet de ſe
vœux, rien n'eſt plus contrair
qu'un eſprit de déciſion, d'op
niâtreté, & de criaillerie,
connoiſſant le penchant du Cœ
humain pour ces défauts, dans
crainte d'y tomber, il ſe por

ordinairement aux extremitez opposées, & s'en fait enfin une ha-
itude, desorte que ce qu'il fait
avec le plus de certitude, il se
contente de le proposer modeste-
ent, comme une matière à examiner. Les argumens les plus
orts, & les plus démonstratifs, il
ne les oppose aux sentimens qu'il
combat, que comme des doutes,
sur lesquels il attend de l'éclair-
cissement, & lors même qu'il a
e plus raison, il aime encore
ieux ceder que d'imiter les opi-
niâtres.

Mais la Multitude ne connoit
oint ces aimables caractères, &
on goût grossier s'y méprend toû-
ours; *S'il entendoit les matières
ont il parle, il en parleroit d'un
out autre ton, il s'est prudemment
etiré, car il se sentoit battu.*
oilà ce qu'on dit d'un Savant.
Mais que ne dira-t-on pas à l'a-
vantage d'un ignorant qui croit
avoir quelque chose. Il y a si peu

*Sæpè etiam Olitor est valde op-
portuna loquutus;*

Ils savent tirer parti de ce que leur dit un Artisan, un Laboureur; ils savent même tirer parti de ce que dit un Sot, & souvent il leur fournit matière aux plus utiles reflexions; ils connoîtroient peu l'homme s'ils se bornoient à se sentir eux-mêmes, & à s'entretenir avec ceux qui leur ressemblent en tout.

Enfin un homme qui aime le Solide; un homme qui aime à savoir, & à s'assurer, a compris plus d'une fois, en étudiant dans cette vûë, qu'à cette Science certaine, qui seule mérite le nom de Science, & dont il fait l'objet de ses vœux, rien n'est plus contraire qu'un esprit de décision, d'opiniâtreté, & de criaillerie, & connoissant le penchant du Cœur humain pour ces défauts, dans la crainte d'y tomber, il se porte

or-

ordinairement aux extremitez op-
pofées, & s'en fait enfin une habitude, deforte que ce qu'il fait
avec le plus de certitude , il fe
contente de le propofer modefte-
ment, comme une matière à examiner. Les argumens les plus
forts, & les plus démonftratifs, il
ne les oppofe aux fentimens qu'il
combat, que comme des doutes,
fur lefquels il attend de l'éclairciffement, & lors même qu'il a
le plus raifon , il aime encore
mieux ceder que d'imiter les opi-
niâtres.

Mais la Multitude ne connoit
point ces aimables caractères, &
fon goût groffier s'y méprend toûjours; *S'il entendoit les matières
dont il parle, il en parleroit d'un
tout autre ton, il s'eft prudemment
retiré, car il fe fentoit battu.*
Voilà ce qu'on dit d'un Savant.
Mais que ne dira-t-on pas à l'a-
vantage d'un ignorant qui croit
favoir quelque chofe. Il y a fi peu

de diſtance entre ce que ſait un eſprit ſuperficiel, & ce qu'il ignore, qu'il confond ſans ceſſe deux termes ſi voiſins, mais il les confond toûjours à ſon avantage, & par là même qu'il ſait peu, il croit tout ſavoir. Dans cette prévention il n'y a rien ſur quoi il ne décide, & ce qu'il a une fois décidé, il le ſoûtient à toute outrance. Comme c'eſt la vanité qui l'anime, au defaut de Raiſons, il met les Paſſions en œuvre; il s'échauffe, il crie, il jure, s'il le trouve expedient, il demande à faire des paris, il fait de grands éclats de rire; il inſulte, il mépriſe, il ſe fâche, & quand enfin on le laiſſe parler tout ſeul comme un fou, il s'applaudit d'un Triomphe imaginaire, & une infinité de gens qui ne ſavent prononcer que ſur ces indices, qui éblouïſſent les yeux, & rempliſſent les oreilles, trouvent qu'il a ſujet de s'applaudir.

Après

Après ce que je viens de reprefenter, on ne s'étonnera pas si je
déconfeille l'étude des *Mathema-*
tiques. On peut apprendre les regles les plus neceffaires de l'*Arith-*
metique , & fi l'on veut encore
l'*Arpentage ,* mais pourvû qu'on
ne l'apprenne que par routine,
de peur de prendre infenfiblement la dangereufe habitude de
raifonner , & d'entrer en goût de
pouffer plus loin ce genre d'études.

Du tems de nos Peres, plus fa-
ges que nous en cela, comme en
tout le refte, les *Mathématiques*
étoient enveloppées de tant d'obfcuritez , & de tant d'embarras,
que de cent Perfonnes affez cu-
rieufes pour vouloir en apprendre quelque chofe , il s'en trouvoit pour le moins quatre-vingts-
dix-fept qui fe rebutoient, dès
le premier , ou le fecond mois
d'étude , mais aujourd'hui elles
font fur un tout autre pié, &, du

Inutilité
des Ma-
thema-
tiques.

L 3

train

train que les chofes vont, avant qu'il foit dix ans, ce fera l'étude des femmes, & des enfans mêmes.

Mais que gagnera-t-on par ces Sciences, l'objet continuel des éloges de ceux qui les poffedent? Un certain Efprit de précifion & de je ne fai quelle jufteffe, pernicieux à la Societé, incommode à ceux qui l'ont, & odieux à ceux qui ne l'ont pas. Déja des Mathématiciens célèbres fe font rendus plus célèbres encore, par une Critique démontrée d'*Homere*, or d'*Homere* aux Livres Sacrez il n'y a qu'un pas : des Commentateurs du premier ordre ne permettent pas de revoquer en doute cette conformité ; & le moyen qu'un Efprit devenu indocile par l'exactitude qui regne dans les demonftrations des Mathematiciens, fe porte à approuver également toutes fortes de Sermons, approbation

tion dont nous venons d'établir la neceſſité.

Mais ces gens-là ne ſauroient manquer de recevoir la juſte punition de leur ambitieuſe curioſité ; car de la maniere dont le Monde eſt fait, & eſt fait pour long-tems, travailler à ſe rendre l'Eſprit juſte, c'eſt ſe menager un fonds d'ennui, & s'expoſer à paſſer une infinité de mauvais quarts d'heure.

Voyez ces gens, & le nombre n'en eſt pas petit, qui ne connoiſſent pas de difference entre un *Principe*, & un *Préjugé*, qui ne diſtinguent point une *Preuve* d'avec un *Sophiſme*, l'*Ordre* d'avec la *Confuſion*, les *Mots* d'avec les *Idées:* Ils ſont heureux, ils font des éclats de rire ſur un rien, ils s'égayent à ſe contredire, ils diſputent, & ils ſont d'accord ; Leur converſation ne tarit jamais, & après avoir parlé tout un jour, & n'avoir rien dit, ils ſe retirent

L 4 char-

charmez les uns des autres. La belle figure que fera dans ce Cercle un Mathematicien ! aura-t-il feulement la liberté de rêver dans cette Cohuë ? & que voulez vous qu'il y dife ? Par quel endroit entrera-t-il dans la converfation ? Souvent il n'y entend rien, parce qu'on n'y dit rien ; & fouvent on n'a pas plûtôt fait mention d'un fujet, qu'on paffe à un autre tout different, comme des Oifeaux qui volent toujours de branche en branche.

Quel fupplice encore pour un Mathematicien, qui voit d'ordinaire, d'un coup d'œil, les confequences renfermées dans leurs principes, d'effuyer, pendant un quart d'heure, les circuits, & les redites d'un Raifonneur qui, dès les premiers mots, lui a laiffé deviner tout ce qu'il va dire : j'aimerois autant voir bâiller un quart d'heure durant.

Voyez encore ce Politique occupé

:upé depuis fa jeuneffe à regler les deftinées des Etats, à prévoir les projets des Princes, long-tems avant qu'ils y ayent penfé eux-mêmes, qui annonce les Victoires avant que les Armées ayent été en prefence, & la prife des Villes avant qu'on ait penfé à les affieger, & qui mille & mille fois trompé dans fes nouvelles & dans fes predictions, a l'efprit fi heureufement faux qu'il eft le feul à ne s'en point apercevoir, & qu'il continuë toûjours à debiter comme des Oracles ce qu'il ne croit que fur des rapports dont il ne s'eft pas feulement avifé d'examiner la vraifemblance. Qu'auroit-il gagné, je vous prie, en étudiant les *Mathématiques* ? Incapables d'étendre fon trop petit fonds, elles auroient pu feulement le rendre affez jufte, pour le convaincre, que fa place naturèle fe trouve entre les plus petits genies, au lieu qu'il a la fatis-

L 5

faction

faction de se compter entre les premiers, de décider de tout, de croire avoir déja sû depuis long-tems ce qu'on vient de lui apprendre, de regarder tous ses Concitoyens infiniment au dessous de son mérite, & de s'applaudir avec autant d'admiration, que s'applaudissoit la *Mouche* de la Fable, toutes les fois que les autres ont interêt de se jouër de lui, de le faire donner dans le paneau, & de lui faire croire qu'il fait tout quand il ne fait rien. Pour peu de bon goût & de justesse d'esprit, qu'il eut acquis en étudiant les *Mathématiques*, il seroit privé de la douceur infinie qu'il trouve à ne rien avancer, qu'il ne croye aussi certain, *que deux fois deux font quatre*, rien qui ne passe dans son esprit pour aussi clair que la lumière du Soleil.

Il y a une infinité d'occasions où, faute de Droit, nous ne pouvons

vons

vons alleguer aucune folide raifon pour appuyer ce que nous avons interêt de faire réüffir. Que fera un Mathématicien dans ces conjonctures? Il ne fauroit trouver de Démonftration pour une caufe qui n'en peut être fufceptible, & jamais à fon efprit, accoûtumé à l'évidence qui convainc, & qui force, il ne s'offrira de ces raifons éblouïffantes, fi propres à faire paffer le Faux fous le mafque du Vrai; & quand elles fe prefenteroient, il n'auroit jamais l'affurance de les prononcer, & il gâteroit toûjours tout par fon embarras & fa fauffe honte.

Mais en échange il triomphera peut-être, lorfqu'il aura la Raifon de fon côté, & perfonne ne pourra tenir contre l'évidence, & l'ordre de fes raifonnemens. Voila qui feroit bon dans la République de *Platon*, mais où eft l'homme, qui ignore que les chofes vont tout autrement dans le Monde;

de ; En tout cas voici comment on pourroit les faire aller, & comment elles alloient peut-être autrefois à *Athenes* & à *Rome*. Un projet devroit déja être tout formé avant qu'on le mît en deliberation. Des interêts pecuniaires, des interêts d'Ambition, des interêts de Vengeance détermineroient à prendre de certaines resolutions ; on compteroit ses Parens, on compteroit ses Comperes, on compteroit ses Debiteurs ; On sauroit par quel endroit on pourra gagner celui-ci, par quel endroit on pourra gagner celui-là, & après s'être assuré du succès par ce calcul ; un certain respect qu'on ne peut s'empêcher de rendre à la Raison, & à la Nature Humaine, qui ne s'en rend pourtant que trop indigne, demanderoit que l'on preparât un Discours, afin d'épargner, à ceux qui l'appuyeroient de leurs suffrages, la honte d'avouër que ces suffrages sont un tri-

tribut qu'ils payent à celui qui parle, en vertu de certaines relations qu'ils ont avec lui ; & non pas un hommage qu'ils rendent à la juſtice des Raiſons dont il ſe ſert.

CHAPITRE III.

Des Amuſemens.

LE ſujet de ce Chapitre eſt moins important, auſſi m'y étendrai je peu ; Le Jeu ſera méme le ſeul amuſement que je recommanderai ; Quand on l'aime on n'a que faire d'en chercher d'autres, & il eſt tout à fait important de l'aimer.

Le Jeu tient lieu de tout ; n'eſt-ce pas déja là une grande recommandation ? Un homme qui en a pris la paſſion n'a plus beſoin de ſe diſſiper, tantôt à la chaſſe, tantôt dans la bonne chere, tantôt à faire l'amour ; ſon cœur eſt affranchi par le Jeu d'une infinité

Eloge du Jeu.

de

de servitudes; il n'a que faire de livres, car il ne se donne point la peine de lire ; il n'a que faire d'équipages , car il les vend de bon cœur pour jouër; s'il a besoin de quelque chose, c'est uniquement d'argent ; mais ce besoin lui est commun avec tous les hommes, c'est-là le grand *Utile* & le grand ressort dans toutes les conditions, & toutes les affaires; Encore si le Jeu est un moyen d'en *perdre*, c'est aussi un moyen d'en *gagner*.

Le Sage, dit-on, se suffit à soi-même, le Joueür n'en est pas fort éloigné, car peu de chose lui suffit; Avec un cornet & deux Dez, ou avec un petit nombre d'Images Grotesques, qui ne coutent presque rien, il est content, & perd de vûë tout le reste.

On se degoûte de tous les autres amusemens, à mesure que l'on s'y accoûtume; Mais plus on jouë, plus on veut jouër. Les autres
tres

res Paſſions varient , ſuivant les
iges, & les diverſes conjonctures
où l'on ſe trouve ; mais le Jeu eſt
de tous les tems, & la paſſion qui
'inſpire, croiſſant toûjours avec
les années, un Joueür n'eſt point
expoſé à la honte du changement,
& au reproche de legereté.

On vivroit bien heureuſement
ſur la Terre, ſi tous les hommes
avoient pour cette occupation le
foible qu'elle mérite. Mais du train
que vont les choſes, j'eſpere qu'on
n'aura pas long-tems à faire des
vœux là-deſſus, & que la paſſion
du Jeu s'emparera bien-tôt de
tout le Genre humain, au point
qu'il le faut, pour ramener l'àge
d'or ſur la Terre. Voici par où je
me le perſuade. Quand je paſſe
en revuë les hommes, je remarque entr'eux une inégalité tout
autrement ſcandaleuſe que celle
qui les diſtingue en Riches, & en
Pauvres ; & apparemment que
cette inégalité n'avoit pas lieu du

tems

tems de S A L O M O N, car il n'auroit pas manqué de l'alleguer
comme un des plus triftes maux
qui fe voyent fous le Soleil:
Il y a des gens qui ont extremement d'efprit ; il y en a d'autres
qui en ont très-peu ; & d'autres
enfin point du tout. Les Premiers
voudroient gouverner ; mais les autres n'ont pas feulement affez d'efprit, pour comprendre qu'ils devroient fe laiffer gouverner. Qu'on
fe donne un peu de patience ; A
force de jouër, on fe reduira tous à
la même Mefure, & les plus *Grands
Genies* parviendront au *Niveau*
des plus *Petits*. On a beau naître
avec un Naturel heureux, ce Naturel fe reduira à rien, fi on ne le cul-
tive ; L'efprit fe nourrit par l'exercice, & il tombe faute de cette
nourriture ; il s'affoiblit dès qu'on
ceffe de le fortifier ; il faut qu'il
hauffe, ou qu'il baiffe. Or l'efprit fe nourrit, & fe conferve par
la Lecture, & par la Converfation,

mais

ais la Lecture est tuante pour un
joueür, & la conversation ne l'in-
uiete guere moins ; son goût
'est ni pour l'une ni pour l'autre.
Il faut s'affectionner aux sujets sur
lesquels on reflechit, pour ap-
rendre à reflechir comme il faut,
or le Joueür ne s'affectionne qu'au
jeu.

Mais comme pour se rendre
abile dans le jeu, il faut de l'attention, & de la reflexion, il sem-
bleroit par là un sujet tout-à-fait
ropre à se fortifier l'esprit par
l'exercice, si l'experience ne nous
rassuroit là-dessus. On voit de
grands Genies qui aimans le Jeu,
n'apprennent jamais à bien jouër,
& on en voit de très-médiocres
qui y réüssissent parfaitement ;
On voit bien des gens dont le
jeu fait baisser l'esprit de jour en
jour, mais je doute que personne
en ait acquis dans cette occupation.

Pour acquerir de la justesse, &

à plus forte raison pour acquerir de la penetration, & de l'étenduë d'Esprit, il ne suffit point de donner son attention avec quelque vivacité à un objet qui vient de s'en saisir, il faut savoir l'arrêter sur cet objet, afin ne se laisser pas éblouïr par sa premiere écorce, mais de le pénétrer entierement ; Or devant les yeux d'un joueür tout passe avec rapidité, & je ne connois rien de plus propre à rendre un esprit leger, & superficiel ; Ceux qui n'en ont que médiocrement viennent à bout de se faire une routine qui leur réüssit ; mais ceux qui en ont davantage ne savent pas s'y assujettir.

Rien n'est plus nécessaire pour nous former à l'habitude du raisonnement que la *Tranquillité ;* ce n'est que dans le calme des Passions que la Raison fait sentir l'évidence de ses idées, mais ce calme, un Joueür ne le connoit pas,

il ne veut pas même le connoître,
il le fuit, il cherche sans cesse à
se donner de l'agitation, & c'est-
là le ragout du Jeu, c'est une cir-
culation de dépit, & de joye, de
craintes, & de desirs, d'allarmes,
& de satisfactions qui se succedent, & se chassent tour à tour
sans aucune interruption.

Mais il faut recommander le
Jeu par des motifs plus particu-
liers, & par là plus interessans &
plus liez avec l'*Utile* le grand
Principe du *Devoir*. Le Jeu donne entrée chez les Grands, autant que la Naissance, & tout autrement que ne feroient l'*Esprit*,
& la *Vertu*, car ils croyent a-
voir assez de l'un, & pour l'autre
le plus souvent ils ne s'en soucient
guere. Je parle en gros, & je sai
que ce que je dis souffre des ex-
ceptions qui font honneur à des
personnes du rang dont je parle;
Mais généralement parlant, le Jeu
est une ressource plus necessaire

 en-

encore aux Grands Seigneurs qu'aux autres hommes. Ils font élèvez avec tant de molleſſe que l'attention aux affaires ſerieuſes leur paroît d'une fatigue inſupportable, & ceux qui les approchent de plus près ont interêt de les entretenir dans ces diſpoſitions afin qu'ils ſe déchargent ſur eux de tout ce qui leur fait de la peine, & qu'ils puiſſent ainſi regner à leur place, & ſous leur nom. La facilité qu'ils ont à ſe procurer tout ce qu'ils veulent, fait encore que tout leur devient bientôt inſipide, & le Jeu ſeul leur fournit une varieté qui previent le dégout ; de plus il leur offre une occaſion de mettre à part pour quelques heures le fardeau de la Grandeur, qui au fond leur eſt étranger, pour goûter le plaiſir plus naturel de vivre en homme, & de converſer avec ſes ſemblables. Leur cœur, fait comme celui des autres, goûte

en

en joüant le vif plaisir de se défendre & d'attaquer, de profiter de la perte des autres, & de mettre tout en œuvre pour les depouiller, en leur faisant des honnêtetez.

Ce que je viens de poser en fait à l'avantage du Jeu, est de notorieté publique. Un homme sans Principe, sans Religion, sans Honneur, est parfaitement bien reçû chez des gens même qui ont des Principes, de la Religion, de l'Honneur, pourvû qu'il joüe, il sert à leurs plaisirs, il se prête à leur foible; il ne les gêne point, un parfaitement honnête homme leur peseroit quelquefois, ils le trouveroient trop raisonnable.

Mais pour se soûtenir dans le grand Jeu, il faut qu'un particulier ait sa ressource dans sa propre habileté. Voilà pourquoi il est important de former de bonne heure les enfans au Jeu, & de leur apprendre à bien joüer. Il faut le

M 3   leur

leur interdire lorfqu'ils jouënt nonchalamment ou capricieufe-ment, & les éléver par là au def-fus de leur âge, en les accoutu-mant à fe faire une affaire ferieufe de leurs amufemens ; car enfin dès que vous n'aurez plus d'ar-gent, vous n'oferez plus appro-cher de cette Porte, qui vous étoit fi genereufement ouverte pendant que vous aviez à perdre. Dans le Monde on ne fait d'at-tention qu'au Mafque ; dès que vous en êtes dépouillé, ceux qui vous combloient de careffes ne vous connoiffent plus ; vous êtes mort pour eux. Il vous arrive la même chofe qu'à un Etranger in-vité à un grand repas ; on le fol-licite à manger & à boire, il eft l'objet des Civilitez de toute l'Af-femblée ; on revient plus d'une fois à fa fanté, on y joint celle de toutes les perfonnes, qui ont de la liaifon avec lui ; Mais dès qu'il en a pris autant qu'on lui en def-

tinoit

tinoit, dès qu'il eſt tombé ſous
la Table, on l'emporte comme
une Bête, & on ne penſe plus à
lui.

Cette reflexion nous amene à
une autre, qui va nous faire connoître le Jeu, comme l'une des
plus utiles, & peut-être même la
plus utile de toutes les occupations. Il apprend mieux que ne
pourroient faire toutes les leçons
imaginables de quelle nature doivent être nos empreſſemens pour
les autres hommes, juſques où
il eſt permis de les aimer, &
quelles bornes il faut mettre aux
engagemens qui nous lient avec
eux.

Faites attention, je vous prie,
ſur deux Joueürs; c'eſt PYLADE
& ORESTE; Ils ne peuvent plus
vivre l'un ſans l'autre; ils ſe cherchent avec impatience; dès qu'ils
tardent à ſe rencontrer, les voilà
en proye à l'inquietude: En vain
vous voulez les informer de quel-

Le Jeu apprend à vivre.

M 4

que

que chofe, ils ne vous écoutent qu'avec diftraction ; Mais dès qu'ils fe voyent, quelle allegreffe! Chacun a trouvé la moitié de fa Vie, & quel eft le Principe de toutes ces agitations ? Un Principe très-louable, le fondement de la Vertu, l'*Utile*. L'un veut avoir l'argent de l'autre, & pour preuve demonftrative de ce que j'avance ; Que pendant un Mois entier l'un d'eux perde tous les jours contre l'autre, quand ce ne feroit qu'un peu plus que mediocrement, vous le verrez devenir Philofophe. Plus de foibleffe, plus de ces empreffemens, plus de ces affollemens qui tenoient encore de l'enfance ; Il cherche de nouvelles liaifons où il trouvera mieux fon compte.

Dans le Jeu, vous vous liez un moment avec un autre pour faire perdre un troifième ; vous n'agiffez plus que de concert, avec ce fecond vous-même, vous n'êtes tous

tous deux qu'un cœur, & qu'une
ame, & vos Interêts font communs. Mais le coup fuivant votre
Interêt change; Dès-là vous vous
uniffez à celui à qui vous venez
d'être contraire, & vous traver-
fez de tout votre cœur celui avec
qui vous venez d'être affocié:
Voilà de quelle manière les chofes fe paffent dans le Monde;
Voilà dans quelles difpofitions les
Sages aiment leurs Amis; La foibleffe de la Nature y repugne;
mais par le moyen du Jeu on s'accoûtumera à perdre ces foiblef-
fes, & on prendra cette force qui
convient à des gens fenfez. On y
traverfe les autres en badinant
avec eux, on va à fes interêts fans
honte. Au dehors effufion de cor-
dialité, au dedans tout autre chofe. *Amicus ufque ad Aras.* C'é-
toit la Maxime des Anciens, *Ami
jufques aux Autels ;* Or *l'Utile*,
la *Baze* du *Devoir* & le *Germe* de
la *Vertu*, nous doit être facré

com-

comme les *Autels*. Liberaux en grimaces; attentifs au folide; avares du réel, regardez tous les hommes comme des amis de Jeu, & fi, de bonne heure, vous apprenez à fuivre cette Route, foyez fûrs que vous ferez du Chemin dans le Monde.

CHAPITRE IV.

Des Voyages.

But des Voyages. POur donner des Confeils utiles fur les *Voyages*, il faut commencer par en bien définir le but. Le Voyage fait paffer un Enfant de famille de l'état de dépendance, à celui de Liberté; C'eft le feau de fon Emancipation, & du droit où on le met de vivre à fa fantaifie. Il faut avouër qu'il y a un âge où des enfans de qualité font des embarras dans la famille; Ils ne font ni affez jeunes pour être regardez en enfans, ni affez

avant

avancez pour être traittez sur le pié d'hommes faits. Un Jeune Homme a appris sa Grammaire, & son Catechisme ; il sait qu'il y a quatre Parties dans le Monde ; il compte les Rois de l'*Europe* ; il sait les noms des Villes de leur Residence ; il peut marquer sur la Carte la source, & l'embouchûre du *Danube*, du *Rhein*, du *Rhône*, de la *Seine*, & de cinq ou six autres Rivieres. Il sait ajoûter & soustraire, pourvû que les Sommes ne soient que mediocres ; il peut tracer sur le papier un Cercle, & un Ovale, il peut même faire un Quarré égal à un Triangle ; Il a appris à Blazonner les Armes de sa Famille, & celles de son Prince ; Quand on lui met devant les yeux le plan d'une Forteresse, il en nomme nom par nom toutes les parties ; Il sait par cœur vingt Définitions de *Logique*, trente de *Physique*, & la moitié autant de Distinctions.

Enfin

Enfin il fait combien il y a de *Titres* dans le *Code*, & il fait par cœur presque la dixième partie des *Instituts* avec un Systême abregé de *Politique*; Il y a appris qu'il faut être *lent à déliberer; prompt à executer;* que dans une *Armée* il ne suffit pas d'avoir de la *Cavalerie*, & de l'*Infanterie*, qu'il faut encore des *Dragons;* qu'il faut de tems en tems passer les Troupes en *revuë*, & quantité de Maximes de cette finesse. Outre cela sa memoire est remplie de plus de cent *Proverbes*, & de cent cinquante Pointes & Equivoques ingenieux pour briller dans le Monde poli. En un mot, c'est un Prodige pour son âge. Il faut le faire voyager pour répandre dans les Païs étrangers la Gloire de son Nom : D'ailleurs qu'en faire dans la Maison? On ne peut pas le mettre dans le Monde, car il ne s'y presente pas assez hardiment, & ce passage subit de la dedépendance où on l'a tenu, à la liberté à laquelle on le deſtine, feroit trop violent. Il faut le faire voyager afin de lui laiſſer le tems ſuffiſant pour ſe donner des airs de Maître, & de commandement.

Dans cette vûë on lui remettra d'abord force *Argent*, & force *Lettres de Change* ; C'eſt un moyen abregé de lui apprendre que deſormais il n'y a rien qu'il ne ſe puiſſe permettre, puis qu'il n'y a rien dont l'argent ne vienne à bout. On remettra néanmoins cet argent entre les mains d'un *Gouverneur* ; c'eſt la coutûme, & cela a un air de Qualité ; mais le Gouverneur ſera averti qu'on ne le lui remet pas pour le rapporter ; & qu'il doit le ſacrifier partie à l'honneur, partie aux plaiſirs de ſon Elève.

A l'argent on joindra des *Habits magnifiques*, & en bon nombre, ſuivant que le Cheval de bagage

gage en pourra porter. C'eſt un innocent artifice tout-à-fait propre à enfler le cœur d'un jeune homme, & à lui inſpirer cette noble hatdieſſe qui ſied ſi bien aux gens de qualité. En s'admirant, & en ſe multipliant ſous ces enveloppes, il lui arrive aiſément de ſe croire valoir autant de gens qu'il ſe compte d'habits, & il mettra ſon mérite à proportion autant au deſſus des autres, que ſes habits coutent plus que les leurs.

Au Gouverneur, ſuivant la qualité, on joindra un *Informateur;* cela augmente le train, & la preſomption d'un Jeune Homme; d'ailleurs en cas de maladie c'eſt un garde tout gagé.

Au premier Cabaret le Gouverneur fait du bruit, l'Informateur, ſur tout, accoûtumé à regenter, ſe plaindra de tout, *Mauvais lit, mauvaiſe chère, & ſur tout*

tout mauvais vin. Les Valets échos de leurs Maîtres font retentir tout le Cabaret de leurs criailleries, & repandront l'effroi depuis l'hôteffe jufqu'au marmiton.

Deux ou trois Leçons de cette nature, font plus que fuffifantes pour former un jeune Elève aux grands airs, & aux manières imperieufes, qui le feront regarder par la populace comme un demi-Dieu, qui ne s'abbreuvoit que de Nectar, dans fon heureux païs, & ne mangeoit qu'à la Table des Dieux.

Il ne faut point qu'un Jeune Homme de qualité perde fon tems à fe former aux manières des Païs étrangers, puis qu'auffi bien faudroit-il qu'il les perdît infenfiblement quand il feroit de retour dans le fien. Ainfi j'approuve qu'il s'attache principalement aux gens de fon propre Païs, par tout où il en trouvera ; on entre par là dans des liaifons qui durent, & on

on acquiert des amis qui rendent
témoignage au soin qu'on a eu de
vivre en homme de qualité & de
faire honneur à son Nom.

Pourvû qu'on apprenne les Langues étrangeres pour se faire entendre à demi, & deviner à demi, cela suffit; on se trouve par
là dispensé de soûtenir des con-
versations, où souvent on n'auroit pas du bon, & on ne laisse
pas de plaire, par la même qu'on
fait rire; sur tout si avec cela o
fait de la dépense.

Ce qu'il faut rapporter dans son
Païs, ce sont des *Habits*, des *Ba-
bioles* à la Mode, pour soi, pour
sa *Mere*, pour ses *Tantes* &c
c'est un moyen sûr d'immortaliser
la memoire de son Voyage, & de
passer pour un homme d'un goû
exquis. Au reste, il y a moyen d
faire ces emplettes à peu de fraix
& c'est ici où un habile Gouverneur a une belle occasion de mettre à profit ses Talens.

Quan

Quand il s'agira de donner des
Maîtres à un Elève , & de lui
fournir d'autres chofes, d'une nature à pouvoir paffer pour nécef-
faires: quand il s'agira de payer
un Medecin, un Chirurgien, &c.
le Gouverneur marchandera, chi-
canera, lesinera même, pour
faire comprendre à fon Elève à
quel point il a fes Interêts à cœur.
Mais quand il s'agira de lui fournir pour fes plaifirs, c'eft alors
qu'il donnera tout ce qu'on lui
demande ; Ce contrafte fera fentir à l'Elève la complaifance du
Gouverneur dans toute fon étenduë, & par là il fe l'attachera parfaitement, & n'aura point à craindre qu'il trouve jamais à redire à
fes Comptes.

On fejournera dans les grandes
Villes, autant de tems qu'il eft
néceffaire pour en vifiter tous les
bâtimens qui ont quelque réputation, & voir les Princes, Prin-
ceffes, & Hauts Officiers qui y
N

font

font leur Refidence; On en ache-
tera les Eftampes, au défaut des
Portraits, pour s'en mieux fou-
venir. Cela aura fon ufage quand
on verra des Cours en Cire, car
on brillera, tantôt à critiquer, &
tantôt à approuver les reffemblan-
ces.

Dans les Villes de moindre é-
tenduë un Gouverneur s'infor-
mera d'abord des Gens de qualité
qui y font, & à cet égard il fera
extrémement fur le *qui vive*, &
pointilleux fur le *Cérémonial*, autant & plus qu'on ne le feroit dans
un *Congrès*; par là il fe fera d'autant plus confiderer qu'il comman-
dera à un Elève de gros air.

Il n'eft pas toûjours bon d'être
fort connu; voila pourquoi les
fejours ne feront pas trop longs,
On en peut regler la durée fur le
nombre des *Habits*, & il me fem-
ble que quand on en a fix, on
peut bien paffer dix & huit jours
dans un même lieu, fans deshon-
neur.

neur. Si toutefois on y prend
goût, & qu'on ait quelque peine
à s'en arracher si tôt, on pourra
prendre prétexte de la saison pour
se faire un septième habit de
Commodité, qu'on portera deux
ou trois semaines, après quoi on
pliera bagage.

Il ne faut pourtant pas se borner à voir des gens de qualité; il
est bon de se rabattre secretement
sur des Grisettes; On va plus vîte
aux avantures, on les fait ensuite
passer sous de plus grands noms.
La Mere, à qui l'on a dit quelque chose à son retour, ravie d'a-
voir un fils selon son cœur, en fait
confidence au Pere qui, charmé
de trouver, dans les sentimens
de son héritier, sa parfaite image, redouble pour sa femme sa
tendresse & sa reconnoissance.

On préferera toûjours les Ca-
barets aux maisons particulieres;
on y est plus libre; on s'y donne
plus aisément des airs imperieux;

 on

on y voit un plus grand nombre
de nouveaux visages, & on y entend mille contes qu'on peut mettre à profit.

Rien ne fait plus d'honneur que
ces sortes de narrations, quand
on est de retour; on ne demeure
jamais court, & on tient le dé
dans toutes les Compagnies. Pour
les mieux retenir il n'est pas mauvais de les écrire; ce sera la tâche de l'Informateur qui aura soin,
s'il en est capable, d'y ajoûter un
peu de broderie. Au fonds ce
n'est pas-là une peine accablante,
il y en a à qui trois ou quatre dou-
zaines suffisent pour toute leur
vie, que seroit-ce si le nombre
en alloit jusqu'à cent? Il ne faut
jamais craindre d'ennuyer en les
recommençant, pourvû qu'on ne
les repete qu'à Table, sur tout si
elle est bien servie.

CHAPITRE V.

Avis aux Peres.

QUAND un Homme de qua-
lité a befoin d'un Précepteur
pour fes Enfans, je ne lui con-
feille pas de donner la commiffion
de lui en chercher un, à des perfonnes qu'il confidéreroit affez
pour fe faire quelque peine de
condamner leur choix ; Il vaut
mieux charger de ce foin des gens
fans conféquence, afin qu'on foit
en liberté de changer quand on
voudra.

Il ne faut jamais qu'un homme
de qualité fouffre que fes enfans
foient élévez fuivant la Methode
la plus en ufage dans fon païs ; car
fe diftinguer tant qu'on peut eft
un caractère de la Haute Noblef-
fe. Il doit donc faire le difficile,
former lui-même des *Syftèmes*, &
fous prétexte qu'il ne trouve pas

des Précepteurs propres à les exécuter, en changer souvent. Cependant le tems paſſera ; Ses enfans parviendront à un âge où l'on eſt tiré de deſſous les Maîtres, & dès lors ils ſauront tout ce qui merite d'être ſû ; Ils ſeront auſſi ſavans que leurs peres, & on aura le plaiſir de dire que ce ne ſont pas les inſtructions de leurs Maîtres qui les ont mis dans cet état, qu'ils n'en ont jamais rencontré de paſſables, & que tout ce qu'ils ſont, ils le ſont devenus *je ne ſai comment*, & le doivent à *je ne ſai quoi*, c'eſt à dire, à une certaine excellence de *Genie* attachée à leur *Maiſon*.

Premier Devoir des Peres.

Mais quelques Talens qu'on reconnoiſſe dans le Précepteur qu'on s'eſt choiſi, il y a des ſoins dont il ne convient pas de ſe repoſer entierement ſur lui. C'eſt à une Mere à entretenir la vivacité de ſes Enfans, & pendant qu'un Précepteur Philoſophe ſe fera une gloire

gloire & un devoir de les rendre attentifs, & circonſpects, &
de leur apprendre à dire beaucoup de choſes en peu de mots;
une habile Mere, pour contre-
poiſon, les accoûtumera à être
hardis, à être déciſifs, à parler
à bâtons rompus, & à répandre
bien des paroles pour ne dire
rien.

Rarement trouvera-t-on un
Précepteur qui faſſe comprendre
à ſon Elève que les avantages de
la Naiſſance ſont les premiers de
tous, & qu'il n'y a point de *Mé-*
rite qui égale celui de la *Qualité*;
car on ne ſe reſoud pas aiſément
à parler contre ſoi-même; Il ſe
pourra même que de tems en tems
il laiſſera échapper quelques reflexions, qui n'iront pas moins qu'à
chaſſer de l'eſprit de ſon Elève la
perſuaſion de cette importante
Vérité : Mais un Pere vigilant
ſaura bien prévenir ce mauvais effet, & faire ſentir à ſes enfans à

                quel

quel prix il met leur Naiſſance,
par ſes manières avec leur Précepteur, & par les égards qu'il
exigera de lui pour ſes Diſciples
mêmes ; Sa Chambre, ſa place
à Table, le Silence qu'il ſera o-
bligé d'y garder, & mille circonſ-
tances ſemblables ſeront tout autant d'avertiſſemens que l'Eſprit,
le Savoir, & les bonnes Mœurs
ne ſont preſque rien ſans la *Qualité*.

Il naît de là une nouvelle Utilité qui merite d'être comptée.
On diſpenſe un Elève d'avoir de
l'obligation à ſon Précepteur &
de ſe ſouvenir de ſes ſoins ; Car
avec quelque aſſiduité & quelque
devouément, qu'il ſe ſoit acquit-
té de ſa commiſſion, il doit ſe
trouver aſſez recompenſé par l'honneur d'avoir été utile à une perſonne d'un RANG SUPERIEUR;
C'eſt un *Titre* qu'il pourra faire
valoir, & qui devra lui tenir lieu
de *Merite* auprès de ſes égaux.

Ces

Ces leçons qui doivent s'emparer du Cœur, pour y être d'un
ufage continuel, il faut les réïte-
rer à tout moment, fans qu'elles
ayent pourtant une apparence de
leçon, aïnfi que je l'ai déja dit fur
un autre fujet. Un Pere fage ne
laiffera donc échapper aucune occafion de faire fentir qu'on doit
mettre une infinie difference entre un homme de *Qualité*, & un
homme du *Commun* ; à tout propos même, il fera paffer cette
Maxime dans l'efprit de fes Enfans, fans y penfer lui-même, &
pourvû qu'il en foit lui-même
bien rempli il leur donnera par ce
moyen des leçons fans avoir pour
but de les inftruire. Par exemple,
un Fermier s'eft rompu la jambe ;
cela eft embarraffant au milieu de
la moiffon ; dans un autre tems
ce feroit fimplement fon affaire,
pourquoi n'eft-il pas plus adroit ?
Un domeftique fouffre un grand
mal de dens, on rira de fes grima-

ces, & de ses contorsions. Un autre plie sous le fardeau dont on le charge, & il a grand' peine à traîner ses propres jambes ; Qu'il souffle, & qu'il suë tant qu'il lui plaira, il faut néanmoins qu'il le porte, car il est payé pour cela.

Comme un Homme de Qualité peut devenir Officier de quelque Prince, il faut qu'il prenne de bonne heure l'esprit des Cours, & que deviendroient les Princes, s'ils ne regardoient les autres hommes à peu près comme des Bêtes ? Souvent par fantaisie, pour se desennuyer, ou par des motifs qui ne méritent gueres plus d'attention, un Prince accable ses Peuples d'Impôts, ou il les expose par une guerre qu'il entreprend à la Vengeance d'un Ennemi justement irrité ; On tire un Mari d'entre les bras de son Epouse ; on enleve un Pere à une Famille naissante, qu'il soûtenoit par son

tra-

travail, ou de jeunes fils à un
Vieillard qui ne peut plus gagner
fa vie ; On tend des pieges à la
Multitude du plus bas ordre digne de compaffion par fa groffie-
reté ; & au milieu de la joye que
leur infpirent le Vin, les Tam-
bours, les Fiffres, les Haut-bois,
parmi des cris d'ivrognes, & des
danfes, on les engage à un mé-
tier, qui par fes dangers, & par
fa peine, n'a au deffous de lui
que celui de Forçat. Encore y a-
t-il des cas où l'on eft reduit à
cette neceffité ; La neceffité met
au deffus des Loix, & une *Guerre*
devient *Jufte* par là-même qu'elle
devient *Neceffaire.* Mais que ce
foit pour maintenir un Droit bien
évident, que ce foit par neceffité, ou que ce foit par fantaifie,
qu'on fe détermine à la Guerre ;
où en feroit-on s'il falloit avoir
compaffion des Soldats, & fe fou-
venir à toute heure qu'ils font des
Hommes ? Je ne parle pas d'un

jour

jour de bataille ; Tout ce qui s'y passe est trop vif pour laisser quelque place à des mouvemens de pitié, & d'ailleurs la Raison elle-même veut, que dans ces occasions l'on s'expose avec intrépidité, & que quelques-uns se sacrifient pour conserver le reste. Mais je me rends attentif aux suites d'un combat ; je me transporte dans un Hôpital d'Armée, où je vois des milliers de Miserables percez, criblez, épuisez de sang, accablez de faim, & de fatigues, mutilez, cadavres vivans, inquiétez & navrez par les plaintes des autres, autant que dechirez par leurs propres douleurs ; Mais par dessus tout en proye à des Mede-cins, & à des Chirurgiens, en partie mal habiles, en partie cruels, & ravis de gagner de l'argent en faisant des essais, & leur apprentissage sur des Victimes qu'on leur livre, avec aussi peu de compassion, que s'il s'agissoit

d'apd'apprendre à découper proprement, en s'exerçant sur des chapons, & des levrauts rôtis. Des personnes très-dignes de foi m'ont assuré qu'un seul Medecin se trouvoit chargé d'un millier de Malades, & que dans des lits rangez sur diverses lignes, un Commis plaçoit de gros en gros les malades, suivant la nature, & le degré de leurs maladies, après quoi le Medecin tâtoit le poux du premier de chaque file, & ordonnoit un remede pour ceux qui la composoient. Un savant Medecin m'a encore rapporté que le Voyage l'ayant conduit par hazard dans un Hôpital peu de jours après une Bataille, il y arriva trop tard pour une troupe de malheureux qu'on venoit de trépaner, & de mal trépaner; Il en prédit la mort dès qu'il les eût vûs, & il ne se trompa pas, car ils moururent tous le lendemain. Les Chirurgiens sont payez tant par *Doigt*, tant par

Main,

Main, tant par *Pied;* plus ils coupent, plus ils gagnent, & l'on a plûtôt fait de couper d'abord un Membre que de le panſer longtems. Un *Directeur* de l'Hôpital marchande avec un Commiſſaire; un *Commiſſaire* gagne ſur des Directeurs, & ceux-ci léſinent ſur *les Malades.*

Tel eſt le ſort des malheureux qui viennent d'acheter par leur ſang une Victoire, dont un Prince, & ſes Officiers recueillent tout le fruit. La pitié qu'on auroit d'eux ne feroit que troubler des divertiſſemens, auxquels on trouve plus à propos de s'abandonner; & l'argent qu'on deſtineroit à leur ſoulagement ſera mieux employé dans les plaiſirs. Mais pour penſer ainſi, & ſe tenir dans cette noble dureté, il faut s'être formé de bonne heure à l'habitude de dégrader du rang d'Homme tout ce qu'on voit au deſſous de ſoi.

Il

Il eſt ordinaire de défendre aux
nfans le commerce des domeſtiques ; Mais entre les motifs dont
on appuyera cette défenſe, celui
du mépris avec lequel il faut regarder ſes Inferieurs ne doit pas
être négligé.

Cette Maxime neanmoins aura
ſes reſtrictions dans les *Etats po-
ulaires* ; & quand un Pere intel-
ligent ne remarquera, dans quelqu'un de ſes Enfans, aucune diſ-
poſition à ſe procurer un vrai *Merite*, il lui permettra de ſe pouſſer à la *Fortune*, par une route
qui lui convienne ; Il y en a qui ne
parviennent que par leurs *poliſſo-
neries*, qui ne s'élevent qu'à force de *baſſeſſes* & des plus indé-
centes familiaritez avec des gens
qui ſont leur unique reſſource.

Une autre inſtruction dont il Second
Devoir.
ne faut point ſe repoſer ſur un
récepteur, parce qu'elle n'eſt
as matière à raiſonnement, c'eſt
e Syſtème de la Deſtinée. *O ſi l'on
n'a-*

n'avoit pas fait ceci; O si l'on a-
voit cela: Pauvretez! jamais il
ne faut tourner la tête en arrière,
ni se reprocher quoi que ce soit, ce
qui est arrivé, il falloit bien qu'il
arrivât. Vous êtes malade; il faut
bien que vous gueriffiez, si votre
guerifon eft au nombre des chofes deftinées ; Attendez en patience votre fort, & ne foyez pas
affez ridicule pour vous imaginer,
qu'un Medecin poffede l'Art in-
comprehenfible de faire que ce
qui ne doit pas arriver arrive.
Outre que ces raifonnemens donnent un air de diftinction, ils font
capables de former peu à peu
ceux qui fe les rendent familiers,
(& que ne met-on point dans la
tête des enfans, quand on s'y
prend de bonne heure, & qu'on
y infifte toûjours) à une certaine
fermeté qui leur fera tout ofer
avec le tems, & en les tranquilli-
fant on les rendra admirables aux
autres.

J'avou

J'avoüe que ce Système a un inconvenient, & qu'il pourroit arriver qu'un Enfant de famille justifiât par ses principes un mauvais Mariage : Mais un grand fonds d'ambition, & une raisonnable licence préviendront infailliblement cet inconvenient : un homme qui a beaucoup de vanité, & qui s'est accoûtumé de bonne heure au libertinage, ne sera jamais assez fou, pour se marier que par Interêt.

Il y a des Meres qui, par un loüable Principe de bon Menage, ne donnent à manger à leurs Enfans qu'autant qu'il est necessaire pour les empêcher de mourir de faim ; mais non pas autant qu'il leur faudroit pour les empêcher d'en être sans cesse devorez ; cela les rend industrieux, hardis, escrocs, avides du bien d'autrui, & incapables de cette mauvaise honte qui empêche si souvent de réüssir dans le monde : Il y a des

Droit des Me-res.

O

gens

gens qui profitent toute leur vie de ces premieres habitudes de l'Enfance.

Mais il y a aussi des meres qui empâtent leurs Enfans, & ne connoissent presque aucun plaisir qui égale celui de les voir gruger. Ils en pourront devenir plus gros, & plus forts, plus frais, & plus voluptueux, & de plus, pour être en état de soûtenir la bonne chere, dont ils ne sauroient plus se passer, ils se donneront toute l'agitation qu'il faut pour arriver à la Fortune.

Il y a, comme on voit, sur ce Point des raisons pour & contre; Ainsi c'est à la fantaisie des Meres à décider, c'est le moindre Droit que leur donne ce titre, & les peines auxquelles il les assujettit.

CHAPITRE VI.

Avis aux Précepteurs.

LA *Vertu*, & par conféquent, l'*Utile* fon fondement, eft de toutes les profeffions, chacun eft obligé de faire fon devoir, & par conféquent les Précepteurs doivent être encore plus attentifs à leur interêt, qu'à celui de leurs difciples, & ne travailler à celui-ci, qu'à proportion qu'il contribuë à celui-là.

Le premier foin, dit-on, d'un Précepteur qui veut faire réüffir fon Elève, doit être d'étudier fon humeur; & moi je dis que, fi le Précepteur veut réüffir lui-même, fon premier foin doit être d'étudier l'humeur du Pere, & de la Mere, car c'eft d'eux que fon fort dépend; & les ayant fait arbitres de fa réputation, dès le moment qu'il eft entré dans leur

ferservice, il faut trouver moyen de leur agréer.

Cela n'eſt pas toûjours facile, car on voit rarement une Femme long-tems d'accord avec ſon Mari, ſur le Chapitre des Enfans. Chez un Veuf tout eſt de plain pié ; il n'y a qu'à faire ſa Cour à la Gouvernante. Il faut un peu plus d'addreſſe chez une Veuve, mais on peut pourtant réüſſir.

En général, il faut qu'un Précepteur ne perde jamais de vûë cette verité, qu'un Pere ſe ſent toûjours Pere, & que par conſéquent il ne ſoit jamais aſſez imprudent pour s'expoſer au riſque de ſe brouiller avec ſon Elève, quelque tort qu'il ait ; car un Pere qui aujourd'hui aura grondé ſon Enfant, frappé du tort où cet Enfant s'eſt mis à l'égard de ſon Précepteur, s'en repentira demain aux dépens de ce prétendu Sage. Un Pere, en remettant entre les mains d'un Précepteur ſes Enfans, lui confie

des

Utilitez de la Complaiſan-ce.

des Materiaux qu'il regarde comme son Ouvrage ; ce sont donc d'excellens Sujets, & si le Précepteur ne réüssit pas, c'est sa faute.

Dites donc toûjours que vous avez réüssi : paroissez toûjours satisfait, *Qui volet decipi, decipiatur ;* loüez toûjours les Enfans, les éloges retombent sur les peres, & l'encens est toûjours de saison ; *Placat Hominesque Deosque.*

Sur toutes choses gardez-vous bien de condamner dans votre Elève des defauts qui lui sont communs avec son Pere, & ne faites que bainer sur les fautes où son Pere tomboit lorsqu'il étoit encore Enfant ; il vous sera assez facile de les devier, car les hommes ne se corrient gueres ; Ils sont toûjours jaloux d'une Liberté dont ils ne ont aucun usage, & qu'ils asseriffent à leurs Passions, & à quelues circonstances près, on les oit à cinquante ans tels qu'ils toient à dix. D'ailleurs on aime trop à parler de soi pour tarder à faire quelques recits de ce qu'on faisoit dans le College.

Ne soyez pas assez visionaire pour prétendre faire de votre Elève un Philosophe, suivant les idées de quelque grave Auteur Ancien, ou de quelque subtil Moderne. Il faut les former à la Vertu suivant les modes du païs; il ne faut les amener qu'à la perfection établie par les Loix, ou par un Usage universel, plus sacré encore que les Loix. Vous ne seriez pas assez ridicule pour former un François à imiter, en parlant sa propre Langue, la prononciation Angloise, & vous ne gêneriez pas un Allemand à parler la sienne avec un accent François. Suivez ainsi l'usage en tout : vous vous trouvez dans un païs, où c'est un mérite de savoir bien boire ; Que bien boire soit un mérite pour vous & pour votre Eleve.

Seu-

Seulement faut-il avoir la prudence de moderer l'ardeur d'un jeune Elève, qui à cet égard & à d'autres femblables fe porteroit à la perfection d'un vol trop rapide, & qui voudroit être fage avant le tems. Il faut lui faire comprendre qu'il doit mieux ménager fes forces, afin d'être fage plus long tems. S'il lui prenoit déja fantaifie à l'âge de dix ans d'imiter fon Pere, & de s'enyvrer ou de jurer comme lui; il faudroit lui reprefenter qu'il y a de certaines chofes qui ne conviennent pas encore à un Enfant, & qu'à fon âge s'il vouloit déja jurer, & faire la debauche, on ne fe moqueroit pas moins de lui, que s'il penfoit déja à fe marier. Il y a bien des chofes pour lefquelles, à moins d'une difpenfe extraordinaire, il faut attendre le privilege de l'âge. Ces reprefentations l'engageront nonfeulement à manger de meilleur appetit pour devenir plus vite

O 4

grand,

grand, mais encore d'étudier avec plus de courage, afin de se voir plûtôt hors de page & en état de faire comme tous les autres.

Ne vous avisez jamais de briller en protegeant de nouveaux sentimens, ni même en les défendant par forme de conversation, & comme des Paradoxes que vous condamnez vous-même dans le fond de votre cœur ; Peu de gens prennent plaisir à cette sorte de jeu, & je ne connois aucun Auteur qui ne s'en soit mal trouvé. Faites attention à Descartes ; Sa maniere de philosopher est maintenant à la mode ; le gros de ses Principes est reçû de tout ce qui est sensé dans le Monde, & il s'est acquis une Gloire Immortelle, mais que lui fait cela ? Il est mort. Dès qu'il eût mis au jour sa Philosophie, il passa le reste des siens à essuyer force contradictions, & encore plus d'injures ; s'il avoit vécû plus long-tems,

tems , elles fe feroient multipliées:
Il falloit qu'il mourût pour laiffer
en paix fa Philofophie. Ce qui eft
Faux tombe avec le tems. Ce qui
eft Vrai fe fait jour au travers des
contradictions, & des injuftices:
Tout cede enfin à la force de la
Verité, c'eft une Verité ancienne, une Verité refpectable, &
une Verité confirmée par l'experience de tous les fiècles. Il eft
étonnant, je l'avouë, il eft même
honteux, je l'avouë de même,
que les hommes n'ofent pas encore fe refoudre à la prendre pour
Règle. Mais tant étonnant, &
tant honteux qu'il vous plaira;
Quant à vous, croyez-moi, laif-
fez les hommes tels qu'ils font;
la Verité faura bien faire fon chemin fans votre fecours, & l'Erreur tombera affez fans que vous
vous en mêliez ; Ainfi ne vous
faites des affaires avec qui que ce
foit, ni pour le Vrai, ni pour le
Faux. Tenez-vous en à l'*Utile*,

O 5　　　　　tenez

tenez-vous à ce qui est établi par l'*Usage*, sauf à changer avec la *Mode*. Les Auteurs qui ont suivi cette route ont eux-mêmes joui du fruit de leurs études, & ont été les témoins de leur Gloire. La *Tragedie* d'*Oedipe* attira à So-phocle tous les applaudissemens imaginables; cependant on y voit un homme très-innocent au desespoir, & au comble de la misere; La Divinité y jouë un rolle affreux; il n'y a ni précaution ni innocence qui puisse garentir un homme des horreurs que la Fatalité lui a destinées: Belles instructions dans une Piece serieuse, destinée à former les Mœurs! Mais ce Systême alloit à autoriser les Oracles, pour lesquels les Peuples étoient infatuez; la Piece s'accommodoit avec les *Interêts* des Pretres, & les *Préjugez* de la Multitude si *Sophocle* avoit travaillé sur de plus justes Idées, il auroit moins réüssi.

F I N.

www.ingramcontent.com/pod-product-compliance
Ingram Content Group UK Ltd.
Pitfield, Milton Keynes, MK11 3LW, UK
UKHW020823120726
13693UKWH00002B/430